Karl-Markus Gauß

Der Mann, der ins Gefrierfach wollte

Albumblätter

Paul Zsolnay Verlag

1 2 3 4 5   03 02 01 00 99
ISBN 3-552-04936-3
Alle Rechte vorbehalten
© Paul Zsolnay Verlag Wien 1999
Satz: Satz für Satz. Barbara Reischmann, Leutkirch
Druck und Bindung: Clausen & Bosse, Leck
Printed in Germany

I. Vergänglichkeit, Unsterblichkeit

*Der Mann,
der ins Gefrierfach
wollte*

Lange bevor der Psychologe James H. Bedford das Ende seiner Tage kommen fühlte, war er schon getrieben von der Frage, wie er seinen Tod werde überleben können. Menschen wie er schicken sich oft in die Hoffnung, sie würden ihr irdisches Ende immerhin in den Werken überdauern, die sie hinterlassen. Bedford aber war solcher Trost zu gering und ungewiß: Das eigene, dicke Leben verdünnt sich doch erheblich in den Kindern und von diesen zu den Enkeln und so immerfort, so daß man von der Nachkommenschaft, ist man erst durch den Tod von ihr abgeschieden, so viel auch wieder nicht hat wie diese von einem selber. Der Nachruhm als Gelehrter wiederum ist eine fragwürdige Sache, abhängig von der Klugheit und dem Respekt der überlebenden Kollegen, die leicht unsere Verdienste zu ihren eigenen machen und uns um das Ansehen bringen, das sie lieber für sich beanspruchen. In unseren Werken, den materiellen der Fortpflanzung, den geistigen des Fortschritts, ist das Nachleben also keineswegs gesichert, und deswegen war Bedford es auch nicht damit zufrieden, einige Kinder und ein paar Hundert wissenschaftlicher Arbeiten zu hinterlassen.

Als er im März 1967 starb, war er der erste Mensch, der sich statt ins Grab in die Tiefkühltruhe eines universitären Forschungsinstituts legen ließ. Dort starrt er in eisiger Geduld bei Minus 196 Grad einer Zukunft entgegen, in der die Medizin so weit sein wird, nicht nur alle Krankheiten zu heilen, sondern sogar die an vormals unheilbaren Krankheiten Verstorbenen wieder zu erwecken. Denn natürlich wurde Bedford, als ihn der Tumor aufzufressen begann, nicht vorsorglich noch bei relativ guter Konstitution in einen befristeten Tod verbracht, sondern er mußte sein Leiden schon zu Ende sterben, ehe ihn die Kollegen von der Pathologie in raschen Schüben abkühlen durften und schließlich in das Gefrierfach schieben konnten. Bei unwetterbedingten Stromausfällen, die alle drei, vier Jahre einmal auftreten, wenn ein besonders heftiges Gewitter vom Meer landeinwärts gezogen kommt, ist er mittlerweile wohl sechs-, siebenmal zu einer Temperatur aufgetaut, bei der im nahegelegenen städtischen Schlachthaus mit angebauter Kühlhalle der Krisenstab zusammentritt und entscheiden muß, ob das verdorbene Fleisch entsorgt oder noch einmal tiefgefroren werden soll. Das braucht den schlafenden, nein: in reglos gespannter Zuversicht Jahr um Jahr wartenden Bedford nicht zu beunruhigen, denn wenn seine Ärzte antreten werden, ihn von den Toten aufzuwecken, wird es nicht zu viel von ihnen verlangt sein, gleich noch das faulig erschlaffte Gewebe, das gärend zersetzte Muskel- und Faserwerk wieder zu Frischfleisch zu straffen.

Die Angst des Dr. Bedford, zu sterben und vergessen zu werden, ist unsere Angst; seine Hoffnung, die Menschheit werde dereinst den Tod abschaffen, indem sie aus ihm wiederum Leben zu machen gelernt haben wird, ist bei ihm nur ein wenig heftiger auf sein eigenes, fleischliches Ich bezogen. Von einer anderen Angst jedoch, einer furchtbaren, hatte Bedford offenbar gar keine Vorstellung. Von der Angst, daß wir aus dieser Welt womöglich nicht wieder hinauskönnen, so daß wir, Gefangene über unseren Tod hinaus, auf der Welt bleiben müssen, mitsamt unserem Leib und unserer Blöße, zu der wir mit dem Körper, in dem unser Geist erloschen ist, insgesamt werden. Wer wäre nicht erschauert, als er im Fernsehen der Leiche eines vor fünftausend Jahren gestorbenen Mannes ansichtig wurde, in dessen Überresten ein Gletscherforscher aus Innsbruck ehrvergessen mit dem Schistock stocherte! Und wer empfände nicht Mitleid mit diesem Mann, der einen demütigend infantilen Namen erhielt, ehe er in Scheiben geschnitten und wieder zusammengeklebt, den Forschern zum Pläsier gegeben und dem Publikum zum Staunen ausgestellt wurde.

Ötzi ist der Mensch, der es nicht schafft, aus der Welt hinaus zu gelangen und den daher schamlos eine Nachkommenschaft malträtieren darf, die den Blick vor dem Toten nicht senkt, sondern diesen ausstellt, weil sie sich nun einmal für ihn zu interessieren behauptet. Wiewohl es ein Gesetz gibt, das die Störung der Totenruhe unter Strafe stellt, wurde diese im Falle Ötzis unter heftiger Anteilnahme des Publikums öffentlich und ungestraft betrieben. Über fünftausend Jahre ist es dem Toten aus dem Gebirge mißlungen, so weit zu verwesen, daß es die Nachwelt nicht gelüstete, sich seines Fleisches zu bemächtigen. Was er erlitt, hat Dr. Bedford aus freien Stücken über sich selbst verhängt. Der geschändete Ötzi, ein Opfer unserer Nekrophilie, und Dr. Bedford, ein bekennender Exhibitionist des Todes, lehren die Angst, daß nicht einmal der Tod uns zuverlässig vor dem Zugriff der Überlebenden schützt.

*Es wäre schade,
die Samenbank nicht
zu besuchen*

SIEBENUNDZWANZIG GREISE Nobelpreisträger finden es schade, wenn sie von der Erde gehen, ohne dieser etwas anderes als die Ergebnisse ihrer wissenschaftlichen Forschung, einen Batzen Geld, ein paar Liegenschaften und die übliche Meute trauernder Anverwandter zu hinterlassen. Für sie ist das kommerzielle Unternehmen, das sich um die intellektuelle Aufzucht der Menschheit sorgt, aber darin keine soziale, sondern eine genetische Herausforderung sieht, der richtige Verein. Da der organisierte Geschlechtsverkehr zwischen jungen Frauen, die sich in ihren Kindern geistig veredeln möchten, und den betagten Herren eine moralische Zumutung wäre, von der technischen Durchführbarkeit, die manchem der Gekrönten bereits schwerfallen dürfte, einmal abgesehen, hinterlegen die Nobelpreisträger als Onanisten, die sich um der Menschheit willen die Tropfen der Lust abreiben, in der Samenbank ein paar Eprouvetten mit ihrem Samen, in dem sie ihren Geist vollständig enthalten wähnen. Der seimige Inhalt dieser Behältnisse wird, nachdem er eine Zeitlang kühlgelagert wurde, den Damen, die sich für die Aufzucht von Genies persönlich verantwortlich, allerdings aus Eigenem und auf die gewohnte Weise dazu außerstande sehen, per Spritzendosis verabreicht, so daß dabei keine moralischen Probleme anfallen und es bei der Fortpflanzung nicht so geschlechtlich zugehe. Den Ärzten, klinischen Pornographen der rassischen Verbesserung, ist aufgetragen, den richtigen Termin der Abspritzung festzusetzen und für jeden Eprouvetteninhalt das angemessene der zur Verfügung stehenden weiblichen Gefäße zu wählen. Ein paar Tausend solcher Genies, die ihr Leben nicht dem sexuellen Begehren, sondern dem eugenischen Vorsatz verdanken, bewegen sich bereits auf der Erde, viel mehr von ihnen warten noch in den Reagenzgläsern der Samenbank und im traumlosen Wunsch ihrer Mütter darauf, das Licht einer immer besser werdenden Welt zu erblicken.

Über all dies redete im Fernsehen ein alter Mann mit akkurat gescheiteltem Haar, strenger Brille und einem blitzsauberen Arbeitsmantel, ein Nobelpreisträger für Physik, mit dem Schwerpunkt auf Festkörpern. Ohne zu grinsen, machte er verständlich, warum er sich in der Samenbank pflichtteilig an seinen Schwellkörpern abarbeite: Es wäre schade um mich, sagte er, und er hat natürlich recht, es wäre schade um ihn, um wen ist es nicht schade, für zwanzigtausend Exemplare einer ungenannten, nie gesehenen Nachkommenschaft hat er seine kostbaren Körpersäfte bereits hinterlegt. Nicht daß er dafür zwanzigtausendmal konzentriert in die Eprouvette hätte zielen müssen, drei, vier davon, werden sie klinisch perfekt gewartet und ökonomisch in die aufnahmebereiten Gebärmütter verpflanzt, reichen schon für die Population einer Kleinstadt aus.

Welcher Kleinstadt? muß man fragen. Wo ist diese Kleinstadt, in der die Menschen nicht aus den Wechselfällen der Liebe entstehen, sondern aus der Voraussicht von Genies, denen es um die Veredelung der menschlichen Rasse geht? Wo ist diese Stadt, und wie geht es in ihr zu? Versehen die mit genialer Erbsubstanz ins Leben Geschickten als Männer der Müllabfuhr und Verkehrspolizisten genügsam ihren Dienst, wird in der Volksschule Latein gelehrt, erweisen sich, jedweder planenden Vernunft widersprechend, ausgerechnet die Söhne und Töchter der Nobelpreisträger als Versager, und wie geht die Rückgabe der Nieten mit Samen-Gütesiegel vor sich?

Väter und Söhne

EINER MÖCHTE den Tod abschaffen, aber er schafft nur sich selber ab. 1997, dreißig Jahre nach dem Psychologen James H. Bedford, der sich ins Gefrierfach schieben ließ, um für alle Zeiten geheilt zu werden, hat ein Physiker angekündigt, den Tod auf raffiniertere Weise zu überlisten. Der siebzigjährige Richard Seed wettet nicht darauf, seinen verwelkenden Körper im ewigen Eis frisch zu erhalten, sondern sich selber zu verdoppeln und so, indem er in der einen Generation abstirbt, in der nächsten zu überleben. Ein identisches Exemplar von sich selbst in die Welt zu setzen, das ist die Erlösung, die er vertrauensvoll nicht von Gott, sondern der Wissenschaft erwartet. Seed hat vor, zuerst aus einer seiner Körperzellen im Labor den Zellkern herauszuschälen und ihn in die entkernte Eizelle einer jungen Frau zu bringen; hat sich, wie zu erwarten, die Eizelle, die den Zellkern eines Mannes trägt, zu teilen begonnen, gilt es Seed, den Embryo seiner Ehefrau zu implantieren und diese schließlich seine eigene genetische Kopie austragen zu lassen. Wen seine Frau in getäuschter Mutterschaft gebiert, ist dann niemand anderer als ihr eigener Ehemann. Rechtlich wird Seed der Zweite zwar als ihr Sohn gelten, genetisch aber ist er, so kläglich er sich darin anfangs auch ausnehmen wird, ihr Gatte als Säugling, den sie folglich, eine weit über sechzigjährige Großmuttergattin, milcharm zur Reife versorgt. Ob Seed das Unterfangen, den Tod als verhängnisvolle Störung mittels genetischer Kopien zu beheben, gelingen wird? Irgendeinem Seed wird es irgendwann zweifellos gelingen, aber gerade dadurch wird er sich, ferne davon, erlöst zu werden, in die Abdankung zwingen.

Er will nicht sterben, das ist verständlich. Auch begreift er, einmal gestorben, kann man aus der Truhe des tiefgefrorenen Fleisches nicht wieder zum Seelenleben auferstehen, das ist klug. Aber er glaubt Unsterblichkeit zu erkämpfen, wenn er sich nur in eine Neuausgabe seiner selbst zu verdoppeln weiß, und das ist dumm. Was ihm als Triumph über den Tod erscheint, besiegelt nämlich seine größte Niederlage, denn ist seine genetische Partitur erst vervielfacht, kann der Wert eines jeden von ihm, der er dann sein wird, nur inflationär verfallen: Je mehrere er geworden ist, um so weniger werden sie zählen.

Wenn es möglich ist, sich zu verdoppeln, ist es auch möglich, sich zu verfünffachen, kann es mich zweimal geben, kann es mich auch zwanzigmal, zweihundertmal, zweihunderttausendmal geben. Ich weiß nicht, ob die Welt besser wäre, wenn ich statt den Leuten auf der Straße immer nur mir selber begegnete, sobald ich aus dem Haus trete. Doch ist mir dieser Wunsch fremd, baue ich meine Existenz ja darauf, daß es mich nur einmal gibt, daß vor mir keiner war, der ich war, und nach mir keiner folge, der ich sein werde. In dieser Einmaligkeit, die mit einem einzigen falschen Schritt zerstört werden kann, gründet sich mein Schicksal und buchstäblich alles, was ich bin. Nicht gerettet, vernichtet bin ich, sobald es mich öfter gibt. Das wußten schon, als noch keiner etwas von Genen wußte, die alten Erzähler; wann immer sie einen Doppelgänger die Wege ihres Helden kreuzen ließen, war diesem damit der Tod verheißen.

Dr. Bedford wollte sich ins Eis retten und aus der Kälte neues Leben gewinnen, aber immerhin war es noch er selber, den er retten wollte, diesen einzigartigen Bedford mit seiner nur ihm eigenen Biographie und Nase, seinen Geheimnissen, Eigenheiten, Lieblingsspeisen. Dr. Seed hingegen möchte sich retten, indem er sich hektographiert, und er ahnt nicht einmal, daß er gerade damit jenes Selbst vernichtet, um das er jämmerlich bangt.

*Die Pflicht,
gesund zu sterben*

So gesund kann einer sterben, wenn der Staat ihn nicht nur zum Tod, sondern auch zur Gesundheit verurteilt hat. In den Vereinigten Staaten von Amerika wird die Todesstrafe in vielen Bundesstaaten und auf allerlei Weise praktiziert. Da der Tod erst eintritt, wenn das Leben definitiv beendet ist, mag man ihn für das Ende jedweder Form von Gesundheit halten. Doch hat der Mensch, wenn er Amerikaner ist und zum Tode verurteilt, mehr als bloß das Anrecht, vielmehr die Pflicht, so zu leben, daß seine Gesundheit daran nicht leide. Der Todestrakt der Gefängnisse ist daher vor einigen Jahren zur strikten Nichtraucherzone erklärt worden. Nicht nur den Wärtern ist es verboten, die Todesverfallenen womöglich gesundheitlich zu schädigen, indem diese, wehrlos, weil sie den Raum nicht einfach verlassen können, zu passiven Rauchern gemacht würden, auch den Häftlingen selber, deren Exekution mit Giftspritze, auf dem elektrischen Stuhl, durch Hängen am Seil, in der Gaskammer schon beschlossene Sache ist, wird fürsorglich der Umgang mit gesundheitsschädigendem Tabak untersagt.

In der Nacht vor der Hinrichtung aber, ehe ihnen unter medizinischer Aufsicht die Kanülen in der Ellbogenbeuge angelegt werden (ehe sie durch Stromstöße bis zu einer aus Augen und Ohren funkensprühenden Hitze geröstet werden), ist ihnen, in Erfüllung dessen, was als letzter Wunsch bezeichnet wird, gegebenenfalls auch das Rauchen einer Zigarette in einem für derlei Zwecke bestimmten Raum gestattet. Daß sie rauchend ihren Mithäftlingen, von denen sie nun scheiden, nicht mit schlechtem Beispiel vorangehen, ist dieses Raucherzimmer, weil in ihm gewissermaßen etwas Unanständiges geschieht, nämlich einem Genuß gefrönt wird, der die Kräfte des Körpers schädigt, von den Zellen der vielen ihrer Hinrichtung Harrenden nicht einsehbar.

So wird das Laster des Rauchens an einen geheimen, einen vorletzten Ort auf Erden verbannt, indes der Staat für seine letzte Tätigkeit an dem zum Tode verurteilten Bürger eine kleine, doch innig anteilnehmende Öffentlichkeit schafft. Handelt es sich etwa um einen Mörder, dem das Leben nach der letzten Zigarette genommen wird, so sind die Hinterbliebenen seines Mordopfers herzlich eingeladen, der Vorstellung, die fast immer zu ihrer Zufriedenheit gelingt, als Zuseher beizuwohnen.

Die Zukunft der
Embryonen

IN DER MITTE seiner Jahre, angesehen und geachtet, reich und gedankenlos, packt den armen Heinrich eine Krankheit, daß er sich und den Menschen fremd wird. Denn es ist ein »smaehelichez leit«, ein schmähliches, erniedrigendes Leiden, mit dem er geschlagen wird, der Aussatz, »diu miselsuht«. Der einst die Welt zu sich lud, auf daß er sie freihalte und sie ihn bewundere, flieht künftig die Menschen, für ihn ist das Fest vorbei, was bleibt, ist der Alltag der Schmerzen und die Trauer um das, was er nie mehr wird leben können. Da klärt ihn der beste Arzt von Salerno darüber auf, daß es Heilung gäbe, freilich eine, über die er nicht froh werden könne: Die mit nassem Brand quälende Haut muß mit dem Herzblut einer Jungfrau gewaschen werden, die dafür freiwillig den Tod durch das Messer zu erleiden bereit ist. Heinrich, die Qual seiner Jahre vor Augen, zaudert, diese Medizin nicht gleich auszuschlagen, doch im letzten Moment, da sich ein solches Mädchen gefunden hat, verhindert er die Tötung, rettet die Opferungswillige – und sich. Und da es sich beim »Armen Heinrich«, von dem der erste große Dichter des deutschen Hochmittelalters,

Hartmann von Aue, gegen das Jahr 1200 erzählte, um eine christliche Legende und ein ritterliches Anstandsbuch handelt, erwirbt sich der arme Ritter ewiges Heil und irdisches Glück, gerade indem er entsagt: Genest er doch durch Gottes Fügung, auch ohne daß Blut für ihn vergossen wurde, so daß die Jungfrau nicht sterben, sondern den wieder zu Kraft und Schönheit gelangten Ritter heiraten muß.

Etliche Legenden dieser Zeit, ähnliche Geschichten aus anderen Kulturkreisen erzählen dieselbe Geschichte in vielen Variationen, und statt der einen Jungfrau, die den siechen Mann opferwillig rettet, ist es dort zum Beispiel das Blut von Neugeborenen, in dem der Kranke zu baden hat, will er seine körperlichen Beschwerden lindern. Diese Märchen von kruder Errettung werden medizinischer Alltag von heute. Das Hirngewebe von zehn Föten aus dem dritten bis zum fünften Schwangerschaftsmonat ist nötig, daß die Parkinsonsche Krankheit, die so viele Menschen mitten aus Arbeit und Glück herausreißt, nicht nur medikamentös unterdrückt, sondern geheilt werden kann. Denn das Gewebe der Föten, in die beiden Hirnhälften des Erkrankten verbracht, wächst dort, gerade weil es so ungeboren frisch und vom Leben noch nicht versehrt ist, rasch und heilend in die neue Umgebung ein. Die Hirnzellen, die die Parkinsonsche Krankheit rasant absterben ließ, werden durch neue ersetzt, die sich aus Eigenem zu teilen beginnen.

Was die Ersatzteile des Menschen betrifft und wo er

sie sich am besten holen kann, sind die Föten nicht zu übertreffen, die Abwehrreaktion gegen fötales Gewebe ist gering und der bisher als tot ausgewiesene Haufen an Zellgewebe, der in den Abtreibungskliniken als Sondermüll entsorgt werden mußte, bekommt nun einen Nutzwert, den die einen materiell, die anderen philantrophisch bemessen. Im ersten Falle ist ein Fötus so viel wert wie eine Flugreise auf die Seychellen, also ein paar Monatsgehälter, im zweiten nicht weniger als die Rettung eines Lebens, also in Geld gar nicht aufzuwiegen.

Viele Frauen, die die Abtreibung ja nicht aus Spaß an der Sache planen, schicken sich leichter in sie, wenn ihnen glaubhaft versichert wird, sie könnten damit das Leben von Menschen verlängern oder sogar retten. Die seelischen Konflikte, wie sie in den Beratungsstellen für Schwangere öffentlich gemacht werden, haben sich mit der Transplantationschirurgie verändert. Waren Frauen, die die Abtreibung belastete, bisher am ehesten mit dem Zuspruch zu beruhigen, was ihnen genommen werde, sei längst kein richtiges Leben, gilt es, sie jetzt zu versichern, gerade indem sie absterbe, vermöge ihre Leibesfrucht Leben zu spenden. War der Fötus, solange es für ihn keine klinische Verwendung gab, ein toter Klumpen, gilt er jetzt für Leben, aber für eines, das sich besser in den Leibern anderer entwickle. So schafft die Transplantationstechnologie sich ihre eigene Moral und erleichtert heute die Abtreibung aus dem selben Grund, der diese gestern noch erschwerte. Haben sich die Gesetze des Marktes erst überall durchgesetzt, werden die Abtreibungskliniken nicht umhin können, den Frauen Geld anzubieten, anstatt von ihnen Bezahlung zu verlangen. Denn auch der Rohstoff, der ihnen entnommen wird, hat seinen finanziellen Wert, der freilich auf dem Weg vom Lieferanten zum Endverbraucher in der Marktwirtschaft beträchtlichen Zuwachs erfährt.

Vielfältig verwendbar wie die Föten sind in der Transplantationsmedizin die Neugeborenen, und darum sind auch sie gefährdet, Leben retten zu müssen. Einflußreiche Bioethiker wie Norbert Hoerster oder Michael Tooley identifizieren vorsorglich das Menschsein jedenfalls schon mit dem Ich-Bewußtsein, so daß sie jenen Lebewesen, die wegen ihres geringen Alters oder einer Behinderung zu dem biopolizeilich geforderten Ich-Bewußtsein noch nicht gekommen sind, das Lebensrecht absprechen können. Die allfällige Tötung solcher von ihren Eltern abgelehnter Lebewesen in den ersten Wochen ihres unwerten Lebens ist für unsentimentale Bioethiker kein moralisches Problem, allenfalls eine Frage gesellschaftlicher Übereinkunft. Die Ausschlachtung zum Zwecke, das Leben von anderen zu retten oder immerhin deren Leiden zu lindern, könnte somit bald nicht nur den Daseinszweck von Föten, sondern auch von ungeliebten Neugeborenen ausmachen, gegen die etwa spricht, zu einem ungünstigen, den Familienplan grob störenden Zeitpunkt auf die Welt gekommen zu sein. Manche von ihnen, deren schwere Behinderung schon während der Schwangerschaft abzusehen war, werden überhaupt nur mehr ausgetragen werden, um sodann ausgeweidet und in die kranken Hirne, Organe und Eingeweide von Erwachsenen mit tragischem Ich-Bewußtsein verpflanzt werden zu können.

Die Unruhe der Toten

AM 17. JULI 1998 brach eine Springflut über die Lagune von Sissano herein und schlug durch das dahinterliegende Land mit einer Wucht, der kein Gebäude standhalten konnte und die Straßen, Brücken, mächtige Wälder binnen Sekunden zerstörte. In baumhohen Wellen raste das Wasser vernichtend ins Land, und indem es zum Meer zurück- und von dort wieder ins Land hereinschaukelte, riß es mit sich, was es zuvor gefällt hatte. Erst nach Stunden beruhigte sich die See, die zwischen der Küste von Papua-Neuguinea und dem Bismarckarchipel gebebt hatte, so daß die Überlebenden sich aus dem Schlamm, in dem sie festklebten, befreien konnten. Mehrere Tausend Eingeborene waren der Flut sogleich zum Opfer gefallen, viele starben in den Stunden danach unter den Trümmern ihres spärlichen Wohlstands oder auf dem offenen Meer, in das sie von den rückflutenden Wassermassen hinausgetrieben wurden. Ungezählte flüchteten aus Furcht, das Meer könne sich wieder erheben, von der Küste ins Landesinnere, die Dschungelberge hinauf. Wie viele gestorben sind, läßt sich nur schätzen, denn die Bewohner des Landstrichs im Nordwesten von Papua-Neuguinea haben nach ihrer Sitte sogleich die Totenruhe über das ganze Gebiet verhängt.

Ihre Häuser, die wiederherzustellen internationale Hilfe angeboten wurde, werden sie nicht wieder beziehen, ihre Dörfer nicht am selben Ort noch einmal aufbauen, ja, ihre Anverwandten nicht aus dem Wasser holen oder unter Geröll und Schutt suchen, um sie zu bergen. Sie verbieten es sich, Gestorbene zu begutachten und aus dem, was von ihnen noch übriggeblieben ist, Aufschluß darüber zu erhalten, um wen es sich bei den Toten handelte. Nichts fürchten sie mehr, als die Toten, die ihre Ruhe wollen, zu beleidigen. In manchen Gesellschaften, für die früher das abwertende Wort *primitiv* in Verwendung war, indes ihnen heute, nicht weniger fälschlich, anerkennend die *Natur* vorangestellt wird, kann schon sprachlich zwischen Gott und dem menschlichen Kadaver nicht unterschieden werden; für beides, das Überirdische und das Tote, haben sie nur ein Wort. Darum verließen die Überlebenden das Gebiet nach kurzer Frist, um fortzuziehen und sich anderswo einen Platz zu finden, an dem sie ihre Häuser bauen und diese zu Dörfern ordnen könnten. Der Respekt vor den Toten gebietet es ihnen, nicht herumzustreifen, wo Leichen liegen, unbestattet, der großen *Mama Graun*, der Mutter Natur, geschenkt, auf daß sie an ihnen das Werk der Verwesung vollende.

Die Totenruhe ist von alters her in den allermeisten Kulturen ein hoher Wert gewesen, und wo dieser verletzt wurde, geschah es fast immer, weil jemand über den Tod hinaus, der den Streit sonst aufzuheben pflegt, der Verachtung, dem Spott preisgegeben bleiben sollte. Sechstausend Menschen, die sich mit Spartacus gegen die römische Sklavenhaltergesellschaft erhoben, sind entlang der Via Appia gekreuzigt worden, und ihre Leichen blieben, den Ermordeten zum Hohn, den Lebenden zur Abschreckung, an die Kreuze genagelt, bis die Raben sie zerfraßen. In Mythen und alten Büchern wird häufig von Frauen erzählt, die vor der Obrigkeit darum flehen, den Leichnam des hingerichteten Mannes oder Bruders bestatten, den Blicken der Menschen entziehen, ihn in der Erde verbergen zu dürfen. Aber noch im christlichen Mittelalter war es üblich, daß der zum Tod Verurteilte an seinem Seil baumeln mußte, bis die Verwesung so weit fortgeschritten war, daß er von selbst zu Boden fiel. Und der fromme Papst Formosus wurde von seinem Nachfolger, Stephan IV., neun Monate nach seinem Tod aus dem Grab geholt und in verwesender Verfassung auf den Richtstuhl geschnallt; das heilige Gericht erklärte ihn verschiedener Missetaten für schuldig, widerrief seine Erlässe, schnitt ihm die drei Schwurfinger der rechten Hand ab und warf die Leiche in den Tiber. Aus den Kriegen der Gegenwart wiederum erreichen das Fernsehpublikum immer wieder Bilder, die die Schändung Getöteter dokumentieren, Erschossener, Erschlagener, auf die getreten, in die eine Salve gejagt, über die uriniert wird. Doch ist dies natürlich nicht das geachtet Alltägliche, sondern geächtet als schmähliche Verletzung eines Gebots, das da lautet, daß auch der Tote seine Würde hat, die gewahrt werden müsse. Wie das Gebot in der zivilisatorischen Entwicklung der Neuzeit verbindlich wurde, ist es zugleich für einzelne Menschen und Gruppen, für besondere Fälle und Verhältnisse außer Kraft gesetzt worden. Aber erst jetzt wird, was immer Ausnahme war, zur Regel.

Bald nachdem in der rückständigen Welt Papua-Neuguineas die Überlebenden der Flut ihr Gebiet verlassen hatten, weil sie die Toten darin nicht stören wollten, kam in einem technologisch hochgerüsteten Krankenhaus im britischen Sheffield ein Knabe zur Welt, der seine Existenz einer resoluten Störung der Totenruhe verdankte. Das Glück der Mutter über den Nachzügler war um so größer, als der Vater des Säuglings, ihr innig geliebter Mann, schon drei Jahre zuvor verblichen war. Eine Gehirnhautentzündung hatte ihn in seiner besten Zeit niedergeworfen, für Wochen bewußtlos gemacht und schließlich in ein aufs fürsorglichste gepflegtes Grab gebracht. Vorausschauend hatten die Ärzte der liebenden Frau, die sich eben anschickte, Witwe zu werden, etwas von jenem Saft gerettet, den ihr Mann bald nie mehr wieder würde erzeugen können, und dem Moribunden sein allerletztes Sperma entzogen. Und so kam es, daß der Tote noch einmal Vater wurde, denn die Bedenken, die eine Kommission für ethische Fragen bei künstlicher Befruchtung ins Treffen führte, galten dem Gericht für nichtig. Die Kommission hatte es, als der bewußtlose Spermienspender gestorben war und seine Witwe sich gleichwohl von ihm noch einmal befruchten lassen wollte, der Klinik untersagt, in diese Richtung hilfreich tätig zu werden. Sie tadelte nämlich, daß dem Verstorbenen das Sperma ohne seinen Willen abgezapft worden war und er somit posthum zum Vater würde, ohne dafür sein Einverständnis gegeben zu haben. Dagegen ließe sich wohl einwenden, daß diesem Mann als Toten nicht viel anderes widerfahren ist als manchem Lebenden, der zwar sein Sperma nicht gegen seinen Willen abgegeben hat, aber doch sein Einverständnis für die Folgen davon lieber verweigert haben würde.

Die Liebe geht seltsame Wege, und ohne weiteres wird sich künftig eine Frau mit einem Depot an Spermien diverser Spender versorgen können, aus dem sie sich bei Gelegenheit bedienen mag. Die sexuelle Anwesenheit eines Mannes ist bei solcher Fortpflanzung nicht nötig, wie umgekehrt auch die Frau, fern den barbarischen Zeiten, da sie ein Lustobjekt war, als kurzfristig zu mietende Brutstation verwendet werden kann, in der die Embryos anderer Eiproduzentinnen und unbekannter Spermienzulieferer ausgebakken werden. Bei geringer Nachfrage kann die Frau als Brutstation geschlossen und als Anstalt zur Zellproduktion wiedereröffnet werden, wie dies in Australien bereits geschehen ist. Schon vor Jahren sind dort einer Frau, die nach einem Unfall jenes Stadium erreicht hatte, das als *Hirntod* bezeichnet wird und in dem alles Recht des Menschen auf seine Unversehrtheit erloschen ist, fremde Föten eingepflanzt worden. Nicht etwa, daß diese Föten in ihrem Leibe zur Überlebensfähigkeit weiterreiften, war das medizinische Ziel, sondern daß in einer von gewerkschaftlicher Obstruktion prinzipiell freien Zuchtanstalt jenes Gewebe hergestellt werde, das den Föten dann entnommen und Kranken heilbringend implantiert werden kann.

Der tote Ötzi ruht in Bozen in seiner für ihn gebauten Kühlkabine und sieht gleichmütig die Scharen vorbeiziehen, die mit einem fremden Schauder sein eingedunkeltes Muskel- und Faserwerk betrachten. Der Tote aus Sheffield lebt in dem nachgelassenen Kind, das seinem großen Schlaf abgewonnen wurde, für die trauernde Gattin fort. Die hirntote Frau in Australien darf nicht sterben, weil sich in der Wärme ihres Leibes Leben züchten läßt, das selber niemals leben, aber das Leben anderer verlängern wird. Und an der Fleischbank der Föten herrscht ungebührliches Gedränge, denn groß ist das Leiden auf der Welt und größer der Wille, es zu lindern. Nur die Eingeborenen aus Papua-Neuguinea fliehen die Toten, von denen sie überzeugt sind, sie wünschten, ihre Ruhe zu haben.

*Was bleibt, stiftet
die Sünde*

Das Y-Chromosom hat die Eigenheit, daß es unverändert vom Vater auf den Sohn übertragen wird und sich bei den Töchtern nur dann findet, wenn auch sie in Wahrheit Söhne sind. Alle weitverstreuten Abkömmlinge eines Stammvaters haben daher noch nach Generationen ein nahezu identisches Y-Chromosom. Wie weit entfernt voneinander sie auch leben, was immer aus ihnen geworden ist und wie wenig sie voneinander noch wissen mögen – die Struktur dieses einen ihrer 46 Chromosome verweist auf ihre gemeinsame Abkunft und die Tatsache, daß es sie alle nicht gäbe, wenn es nicht derselbe Samen gewesen wäre, der vor Generationen vergossen wurde.

Thomas Jefferson galt für einen Gegner der Sklaverei, ob er deswegen seine Sklavin Sally Hemings liebte? Im Entwurf zur amerikanischen Unabhängigkeitserklärung, den er verfaßte, wurde die Sklaverei noch mit flammenden Worten und naturrechtlichen Argumenten verworfen; in der endgültigen Fassung war die Anklage der sittenwidrigen und gottlosen Herrschaft über Menschen freilich getilgt, anders denn die Südstaaten sich von den Nordstaaten schon wieder getrennt hätten, noch ehe die Vereinigung vollzogen worden wäre. Wiewohl über rassischen Dünkel schon fast hinaus, hat Jefferson, der die Sklaverei theoretisch ablehnte, praktisch als Gutsbesitzer an ihr festgehalten. Jefferson war schon 170 Jahre tot, als ihm eine Sünde des Fleisches nachgewiesen werden konnte, von der seine politischen Gegner bereits damals das böse Gerücht ausgestreut hatten, er wäre ihr gewohnheitsmäßig verfallen. Die genetische Analyse von Nachfahren seiner Sklavin Sally hat 1998 zweifelsfrei ergeben, daß wenigstens deren jüngster Sohn 1808 von Jefferson gezeugt wurde, dessen Y-Chromosom sich denn heute in einer Hundertschaft schwarzer Männer findet, die allesamt von Sallys Jüngstem abstammen und von der mächtig verzweigten Sippe der Jeffersons gleichwohl nicht als natürliche Brüder anerkannt werden.

Ein einziges Chromosom, das die Schranke von Weißen und Schwarzen überspringt, mag eben nicht hinreichen, daß andere Schranken, die von Gott oder den Menschen errichtet wurden, niedergerissen werden. Der dritte Präsident der Vereinigten Staaten, als Mann zugleich der Tat und des Wortes eine imposante Gestalt der Geschichte, hatte seinem Tagebuch ohnehin die furchtbare Gewißheit anvertraut: »Am Anfang erwählte Gott diejenigen, die erlöst werden sollten, und die, die verdammt werden sollten: und kein Verbrechen der einen kann sie in die Verdammnis, noch Tugend die anderen in die Erlösung führen.«

Daß es jenen, der seiner Erlösung gar nicht zu entkommen wußte, zu seiner um fast dreißig Jahre jüngeren Sklavin drängte, an deren Verdammnis sie selber jedenfalls nichts ändern konnte, eint beider Nachfahren, die sonst gar nichts eint, und trennt sie zugleich in Haß und Eifersucht. So bestreitet die Sippe der Jeffersons den Nachfahren der Sklavin, sich in der gleichen Erde zur Ruhe zu legen wie der Präsident und alle, die zu seiner Familie rechnen, auf einem eigenen Friedhof nämlich, der wallfahrtsmäßig von Schulklassen und Reisegruppen besucht wird. Dabei haben die über Tausend Nachfahren, die sich aus Jeffersons rechtmäßiger Ehe sowie von seinen mit dem nämlichen Chromosom ausgestatteten Brüdern herleiten, genetisch mit ihrem berühmten Vorfahr gar nichts mehr gemeinsam. Es sind, von Generation zu Generation, einfach zu viele Mädchen in diese Patrizierfamilie geboren worden, so daß jenes Y-Chromosom, das die Vaterschaft Jeffersons zu einem Zeitpunkt enthüllte, da von ihm nicht einmal mehr die Knochen da waren, in der Schar seiner weißen Kindeskinder verloren gegangen ist. Nachgewiesen kann es überhaupt nur mehr indirekt werden, insofern nämlich, als die gezählten Nachfahren seiner Brüder, die aus einer ununterbrochenen Kette von Söhnen abstammen, das gleiche Y-Chromosom haben wie jene vielen Schwarzen, die ihre Familiengeschichte bis auf Sallys jüngsten Sohn Easton zurückführen können.

Daß ein weißer Präsident genetisch ausgerechnet

als Stammvater eines Clans von Farbigen überleben würde, wäre uns vor der Erfindung der DNA-Analyse undenkbar gewesen. Das Glück, posthum zum Vater zu werden, war bisher einzig denen vorbehalten, die zwischen dem befruchtenden Verkehr, der sie noch höchst lebendig zeigte, und der Geburt ihres Kindes verschieden. Die neun Monate, die ihnen dafür längstens zur Verfügung standen, können sich dank neuer Fortpflanzungstechnik, der auch die Witwe aus Sheffield ihr Mutterglück verdankt, jetzt zu beliebigen Jahren dehnen. Aber auch die Vaterschaft nachzuweisen, wird künftig länger möglich sein, und wer sich aus der Verantwortung stehlen möchte, soll sein Maß an den 170 Jahren nehmen, die Jefferson blieben, Jefferson, der das Y-Chromosom hatte, aber noch nicht wußte, daß es ihn verraten würde.

*Die Abschaffung
des Körpers*

ALS DER FROMME Kaiser Maximilian ans Sterben kam, verfügte er, daß man ihm anderntags, wenn er tot sein würde, alle Zähne ausschlagen müsse und seine Leiche erst bestatten dürfe, wenn sie zuvor tüchtig ausgepeitscht worden sei. Daß er einen Körper habe, hatte dieser Christenmensch als den Fluch seines Lebens empfunden, so daß er sich noch für die glückliche Zeit, da seine Seele endlich aus der Zwangsgemeinschaft mit dem Fleisch erlöst war, die tätliche Bestrafung des abgestorbenen Körpers wünschte. Mit der vermaledeiten Bedingung des Menschen, ohne seinen Körper nun einmal nicht existieren zu können, hatte der Kaiser alle Tage seinen intellektuellen, religiösen und fleischlichen Hader gehabt. Den Körper nahm er als Gefängnis der Seele, die erst im Tode frei wird, aber leider bedarf sogar die Seele, solange sie noch nicht in die Ewigkeit aufgefahren ist, des geschmähten Körpers, um zu sein. Körperlos vermögen alleine die Engel zu existieren.

Den Körper abzutöten, das lehrten und lebten schon die Asketen, die in die Wüste zogen, der Gemeinschaft entsagend, der Kälte nicht achtend, allen

Gelüsten außer denen der Selbstüberwindung trotzend. Denn der Körper ist es, der den Menschen vom rechten Wege abbringt, seine Kräfte mindert, ihn demütigt und knechtet. Ein Gefangener des Leibes, zu dem er verdammt ist, ausgeliefert der Hinfälligkeit seines Körpers, dieser verderblichen Materie, wird ein jeder gequält mit Begierden und mit Krankheiten, und für diese Qual soll er zuletzt auch noch den Tod erleiden. Mit dem Fleisch, das er geißelt und malträtiert, das er sich durch gnadenlose Leibesertüchtigung gefügig oder mit pflegender Sorgfalt frisch erhalten möchte, stirbt er selbst, und es zu überwinden, muß er auf das Jenseits hoffen, denn im Diesseits unterliegt er ihm jedenfalls, und wäre es nicht im Bett der Lust, dann im Sarg der Krankheit oder des Alters.

Auch die antiken Philosophen deuteten den Körper oft als Kerker, in dem die »psyche«, die Seele, gefangen liegt. Und erst recht das christliche Mittelalter hat den Leib, in dem es das Ebenbild Gottes nicht erkennen will, verachtet und verflucht. Selbst der alle irdische Kreatur lobpreisende Franz von Assisi verkündete: »Einen größeren Feind als meinen Körper kenne ich nicht«, und über die Jahrhunderte werden sich die Mönche in den Klöstern allabendlich auspeitschen, damit sie im keuschen Schmerz die Kraft finden, den Verlockungen der Nacht zu widerstehen. Die Aufklärung zwar hat davon abgelassen, das Fleisch zu verfluchen, nicht aber, es gering zu schätzen. Gerade noch als Maschine war ihr der Körper wohlgelitten, als eine Art von Automat, den es immer besser zu entwickeln und zu bedienen gilt.

Der Kriegskult, der heute für eine unbarmherzige Fitneß mobil macht, ist keineswegs dazu angetan, verspätet den so lange mißachteten Körper zu rechtfertigen. Vielmehr sorgt er im wöchentlichen Service der Gesundheitsstudios für eine angemessene Wartung der Maschine, die unablässig in Gang ist. Um den trainierten und geschmeidigen, den reparierten und nach vorgegebenem Maß modellierten Körper ist es ihm zu tun, und noch die Körperbehinderten erringen sich am ehesten Respekt, wenn sie ihre versehrten Körper rücksichtslos zu sportlichen Leistungen der kuriosesten Art schleifen. Rechtschaffen ist es, den sündig faulen Körper zu schinden, und hat einst der verkniffene Kaiser sein Fleisch mißhandelt, das er für häßlich hielt, ist heute mit der schönen Zurichtung des Fleisches eine ganze Beauty-Industrie beschäftigt.

Maschinen können verbessert, umgebaut, neu zusammengesetzt werden, und Automaten müssen funktionieren, sie haben Arbeit zu übernehmen und, einmal programmiert, von selbst zu bewältigen. In den Horrorfilmen von gestern klapperten die menschlichen Monster mit Greifarmen aus Metall und allerlei scheppernden Prothesen durch die Szenerie, doch die verbesserte Maschine Mensch ist längst kein Bastelwerk der Mechanik mehr, vielmehr ein Übungsfall von Biochemie und Mikroelektronik. Der Haß, mit dem das Abendland sich den Körper erklärte, exzediert nicht mehr in religiöse Gebote, aber in technologische Verheißungen: Nicht weil er sündig, sondern weil er schwach, anfällig für Störung und Schmerzen ist, soll der Körper überwunden werden, verdient es der Mensch doch, stark zu sein, funktionstüchtig und frei von Leid.

Wer wäre nicht dafür, daß Ertaubte wieder hören, indem ihnen ein Mikrochip ins Ohr gepflanzt wird, der, wiewohl ein künstliches Produkt durch und durch, doch mit dem natürlichen Stoff des Menschen, mit seinen Nervenbahnen, in Schaltung tritt? Das ist kein künstlicher Arm mehr, der an den natürlichen Stumpf der Schulter geschnallt wäre; das ist ein Stück erfundenen, konzipierten, gebauten und implantierten Kunstkörpers, der mit dem Leib neuronal vernetzt wird. Das Fleischliche und das Künstliche ergänzen einander nicht mehr, sie durchdringen sich, und der Ort, an dem dies geschieht, ist das Gehirn. Groß waren die Prothesen früher, die kleine Erleichterung gewährten, klein sind die Chips heute, die Großes bewirken. Keine Maschine im symbolischen Sinne sei der Mensch, sondern maschinell verbesserte Natur, deren Verbesserung darin besteht, weniger fleischliche Vergänglichkeit, mehr haltbares Material zu sein.

Wo Organ und Prothese miteinander verschaltet werden, geht die elektronische Prothese direkt ans neuronale Netz des einzelnen. Dadurch tut sich ein schier unendlicher Raum an Verbesserungen des Menschen auf, der sich der Schwäche seiner Organe bewußt wird und sich Prothesen wünscht, die Teil seines Körpers werden. Eine Maschine zu werden, ist der Wunsch des Hinfälligen, der es beschämt gelernt hat, Fehlerhäufigkeit und Materialermüdung als sein Wesen zu hassen. Der Körper selber ist die Schwachstelle des Menschen, dessen Geist sich frei entfalten könnte, wenn er nicht so jämmerlich an die organische Natur gebunden wäre. Gelingt es wie beim Ohr erst einmal im Kleinen, Nerven und Elektronik zu verbinden, ist es naheliegend, auf die Verbindung größerer Einheiten, etwa von Gehirn und elektronischem Datennetz, zu hoffen. Das könnte den unmittelbaren Zugang zu ungeheuren Datenmengen eröffnen, die folglich nicht mehr über den externen Apparat eines Computers, sondern den internen des Gehirns abgerufen werden. Anstatt mühevoll im Laufe eines Lebens seine drei, vier Sprachen zu erlernen, könnte man sich die prinzipielle Fähigkeit, diese Sprachen zu sprechen, direkt über ein Modul von mikroskopischer Größe ins Gehirn einpflanzen lassen und über dieses bei Gelegenheit die außerhalb des Körpers gelegene Sprachdatenbank aktivieren.

Ein Produkt, zusammengesetzt aus Teilen, für die früher das Wort *natürlich* in Verwendung war, und solchen, die lange Zeit für künstlich galten, wird im technologisch veredelten Menschen die Grenze von Eigenem und Hinzugefügtem unauffindbar, und untrennbar ist in ihm das Verderbliche seines Fleisches mit dem Beständigen von Kunststoff und Silizium.

Die Veredelung des Menschen hat viele Namen. Mediziner geben kund, schwerer Beeinträchtigung von Menschen abhelfen zu wollen. Bioethiker rufen ein Zeitalter aus, in dem das Leiden abgeschafft wird. Doch geht der Kampf im Labor längst nicht mehr darum, Mittel zu finden, die den kranken Körper heilen könnten, sondern Wege zu erproben, den gesunden schrittweise durch einen besseren zu ersetzen. Dazu ist es notwendig, das Leid neu zu definieren. Nicht der besitzergreifende körperliche Schmerz ist mehr gemeint, von dem befreit zu werden schlichtes, kaltherzig so oft ignoriertes Menschenrecht ist; vielmehr wird schon das uralte, in den Religionen geläuterte Mißbehagen der Gattung, auf einen Körper voller Mängel verwiesen zu sein, als Leid anerkannt, und Luc Steels, der im Brüsseler *Forschungslaboratorium Künstliche Intelligenz* die Abschaffung des Körpers erprobt, weiß daher über die nahe Zukunft: »Menschen beispielsweise, die bereits zwei gesunde Augen besitzen, könnten mit zusätzlichen Kameras ausgestattet werden, um den Sichtbereich zu vergrößern.«

Nur zwei Augen zu haben, mag für einen, der sich nach freiem Umblick sehnt, gewiß eine leidvolle Einschränkung sein, und zweifellos wird ihm schon in wenigen Jahren geholfen werden können. Denn jetzt wird nicht der einzelne geheilt, sondern die Gattung selbst von ihrem Makel, dem Körper, kuriert, und dabei ist der Wunsch, sein Augenpaar vorne durch elektronische Hilfsaugen hinten zu ergänzen, ein eher gemäßigtes Anliegen. Einer der deliranten Propheten der Entkörperlichung, der in den USA tätige österreichische Roboterologe Hans Moravec, ist überzeugt, daß die Menschen dereinst »ihr Bewußtsein direkt vom Gehirn auf die Festplatte scannen« werden, wodurch die Gattung ein Stadium in ihrer Entwicklung erreicht, das den Körper überflüssig macht. Wovon die Meister der elektronischen Verbesserung des Menschengeschlechts träumen, das ist die Angelisierung der Gattung, auf daß sie sich körperlos und engelgleich, frei von Leid und den Beschwernissen der Materie, entwickle. Diesen Traum zu verwirklichen hatte schon der sterbende Timothy Leary gemeint. In den USA einst als Staatsfeind observiert, weil er den freien LSD-Konsum propagierte, hat er später manchem Propagandisten des Cyberspace die profitablen Gedanken eingegeben. Um Zuneigung für den Menschen erübrigen zu können, genügte ihm nie dieser Mensch, wie er scheiternd und aufbegehrend die Welt zu der seinen zu machen versucht; immer mußte es der *Neue Mensch* sein, dem Leary seine Zuneigung zu schenken vermochte, ein anderer Mensch, der die Grenzen seines Ichs entweder durch den gezielten Einsatz von Drogen oder durch den gezielten Ausbau des Cyberspace zu überschreiten weiß.

Zuletzt war Leary überzeugt, er selbst sei dieser neue Mensch, der sein Bewußtsein ins Internet *hinausgeladen* habe, so daß es dort für ewige Zeiten schweben werde – ein Engel der künstlichen Welt, ein körperloser Mensch, der dem Tod entronnen ist: reiner Geist, unsterblich, ortlos, schweifend. Woran die Inquisition, die dafür Berge von Menschen anzündete, gescheitert war, die ausgeflippten Heilsprediger des Cyberspace glauben es jetzt erreichen zu können. Sie versprechen, den Menschen zu befreien, indem sie seinen Körper abschaffen. Wenn die sozialen Utopien zuschanden werden, nimmt das Paradies technologische Züge an. Vorurteilsfreie Wissenschaftler möchten dann einlösen, was vorwissenschaftliche Bußprediger verlangten: daß der Geist sich vom Körper befreie.

II. Zuschauer, Zuhörer

Die begehbare Frau

JENNY WAR NEUNZEHN und besuchte ein College in Pennsylvania, als ihr die Idee kam, die erste begehbare Frau der Welt zu werden. In ihrem Zimmer installierte sie eine Kamera, die alle paar Minuten ein Bild von ihr machte, das sie sogleich über einen universitären Verteiler ins Internet schickte. Nach wenigen Wochen brach der Server des Instituts zusammen, denn Tausende Menschen, die in namenloser Ferne vor ihren Computerschirmen saßen, wollten Jenny ganz nah sein und dabei beobachten, wie sie Zeitung liest und sich schneuzt, Marmelade aufs Brot streicht und zusammenkehrt, mit ihren Besuchern tratscht und sich in ihrem Bett wälzt.

Seither sind ein paar Jahre vergangen, und an Jennys überwiegend der Verrichtung alltäglicher Handgriffe und Tätigkeiten gewidmetem Privatleben, das sie auf eine Weise führt, daß man niemals wieder unschuldig vom Privaten eines Menschen wird sprechen können, nehmen mittlerweile täglich eine Million Besucher leidenschaftlichen Anteil. Die Wohnung, in der Jennifer Ringley jetzt in Washington lebt, ist geräumiger und für die unausgesetzte Dokumentation des Nichtigen, das sich in ihr ereignet, besser geeignet als das

Studentenzimmer am Dickinson College in Carlisle. Zwei Kameras, eine im Wohnzimmer, die andere im Schlafzimmer, schießen alle zwei Minuten ein Bild von ihr, das sogleich ins Internet und um die Welt geht und so eine stetig wachsende, weit verstreute Gemeinde erregt und beschwichtigt: Ja, Jenny lebt, denn noch ist sie zu besichtigen.

Eine Million heimlicher Besucher, die zum verschwiegenen Blick durch das Schlüsselloch eingeladen sind, erfahren das Nichtige jeden Tages als intime Sensation, und Jennys Verehrer sind dem unkeuschen Blick in die heile Welt so verfallen, daß sich unterdessen etliche Afterunternehmungen darum kümmern, mit ihr zu machen, wofür sie selbst keine Zeit mehr hat. Ein gewisser Josh etwa, der sie noch nie von Angesicht zu Angesicht gesehen hat, aber keinen anderen Menschen besser kennt als diesen vom Bildschirm her, wählt täglich jene Bilder von ihr aus, die er, wiewohl sie sich natürlich allesamt gleichen, aus wer weiß welchen Gründen für die besten hält; als Zeugnis einer innig erlebten Frömmigkeit errichtet er aus seinen Lieblingsbildern täglich einen neuen Jenny-Altar auf seiner Website und dient ihr als fanatischer On-line-Priester.

Allein mit den fünfzehn Dollar, die Jenny dafür verlangt, daß einer ein ganzes Jahr lang, zu jeder Tages- und Nachtzeit, in ihre Wohnung blicken darf, verdient sie mittlerweile Millionen, aber auf den monetären Aspekt kommt es ihr, die ihre Existenz zu einer öffentlichen macht und alles löscht, was man bisher Persönlichkeit genannt hat, so sehr gar nicht an. Allerdings ist wie die Gier nach Geld auch der Drang nach Entblößung niemals zu befriedigen, und wie der Geizige, indem er Geld anhäuft, nicht eines Tages bei der Freigebigkeit ankommt, so erreicht selbst der fleißigste Exhibitionist, indem er die Kleider immer wieder ablegt, nie die glückliche Einsicht, daß er sich jetzt schon ausreichend oft nackt gezeigt hat. Jenny jedenfalls wäre glücklich, wenn dereinst gelänge, was heute technisch noch nicht möglich ist, daß ihr Leben nämlich fortlaufend und vollständig und nicht bloß alle zwei Minuten aufs Foto gebracht würde. Sobald das Internet dazu die Voraussetzungen bietet, wird sie die Fotoapparate mit Filmkameras ersetzen und sich rund um die Uhr in Millionen Zimmer übertragen lassen. Denn in der Zeit, die sich zwischen dem Klicken der Kameras endlos dehnt, ist sie tot, es ist ungelebte Zeit für sie, die ihre eigene Vervielfältigung braucht, um an das Leben zu glauben. Daß sie zwischen zwei Aufnamen 119 Sekunden für sich hat, erleichtert ihr nicht die Arbeit, sondern erschwert ihr das Leben, das von der Kamera erfaßt, im Computer gespeichert und in die Welt verschickt sein will.

Nur indem sie sich öffentlich begehbar macht, kommt sie zur Ruhe. Wie sich Kinder fürchten, wenn sie allein im dunklen Zimmer liegen, glaubt Jenny, daß ihr nichts passieren kann, solange sie im Bild bleibt. Wenn es gelänge, eine unausgesetzt arbeitende Kamera zu finden, die selbsttätig einen unendlichen Film erstellte, der ohne Verzögerung in alle Welt übertragen wird, wenn es diesen Gott gäbe, dessen Größe die Unendlichkeit der Daten wäre, die Schnelligkeit, mit der sie übertragen werden, und die Präsenz, die sie auf den Bildschirmen der Erde finden, dann hätte der Tod keine Chance, denn der Tod ist, wenn der Computer ausgeschaltet, die Kamera abgeräumt, das Licht ausgedreht wird.

*Der Blick,
der nicht erwidert
werden kann*

DIE LÄNGSTE ZEIT haben wir es als unangenehm, ja beängstigend empfunden, gesehen zu werden, ohne selber sehen zu können. Den Blick, der auf einen fällt, zu erwidern, war ein Akt bürgerlicher Befreiung, denn der Feudalherr hatte es nicht geduldet, daß seine Untertanen die Augen zu ihm erheben. Noch heute ist es in den Gefängnissen mancher Länder – etwa Japans – den Häftlingen bei strenger Strafe verboten, ihren Wärtern ins Gesicht zu schauen.

Das heimliche Auge, das sich ausspähend auf uns richtet, in unsere Wohnung eindringt, verbreitet einen Schrecken, dem ungezählte Filme und Romane ihren Erfolg verdanken. Der Spitzel, der sich in der Masse verbirgt, um seinem Opfer zu folgen, der Voyeur, der sich hinter Gebüschen, Türen, Sonnenbrillen versteckt, um den verbotenen Blick zu wagen, der Hauswart, der durch den Türspion verfolgt, wer so spät und in wessen Begleitung nach Hause kommt, der Jäger, der das Wild mit seinem Fernglas ausfindig macht, um es zu erlegen – sie alle gelten nicht für sympathisch, und ihre Tätigkeit führt oft schmähende Adjektive mit sich: Der Spitzel ist gemein, gerade weil er sich nicht zu erkennen gibt und der von ihm Ausspionierte nicht ahnt, daß er bespitzelt wird; der Voyeur wirkt schmierig, weil er dem Objekt seiner Begierde nahe zu kommen trachtet, ohne daß dieses sich ihm nahe wüßte; den Hauswart wiederum, der seine Berufsehre darin sieht, von seinem Haus und dessen Bewohnern alles zu wissen, hält man für roh und spießig, und im Jäger erweist sich, daß den gefährlichen, den lebensgefährlichen Blick hat, wer aus dem Versteck heraus beobachtet. Nein, wir schätzen es nicht, wenn andere viel von uns wissen, wir aber nichts von ihnen, und ein Blick, der auf uns fällt, ohne daß wir ihn erwidern könnten, verletzt uns, wie wir es als Anmaßung empfinden, daß es einer so unverschämt wagte, ihn auf uns zu richten.

In den vergangenen dreißig Jahren jedoch ist das heimliche Auge öffentlich geworden, es verbirgt sich nicht mehr, sondern zeigt sich, als wollte es die Aufmerksamkeit auf sich und seine stille Arbeit lenken, und daß man es sehe, gehört schon fast zu der Macht, die dieses Auge über uns hat. Die ersten Überwachungskameras wurden im Straßenverkehr eingesetzt, zu einem Zweck, den jeder für vernünftig zu halten bereit ist. Dann wurden die großen Kaufhäuser ausgestattet, die sich gegen Diebstahl sichern wollten, später kamen die Fußballstadien dazu, in denen sich die Hooligans nicht allzu sicher fühlen sollten, und endlich waren die Parkhäuser an der Reihe, in denen nicht nur Autos gestohlen, sondern Frauen belästigt, überfallen, vergewaltigt wurden ...

Heute gibt es in Deutschland über zwei Millionen Überwachungskameras. Gibt es auch über zwei Million Angestellte der Kameras, die hinter diesen sitzen und beobachten, was an menschlichem Verhalten von ihnen eingefangen wird? Oder ist da niemand mehr hinter einer solchen Kamera, die nur für den Vorfall, Ernstfall, Zwischenfall aufzeichnet, was draußen geschieht? Die »Sunday Times« hat geschätzt, daß der englische Großstädter täglich rund dreihundert Mal ins Visier einer Kamera gerät – noch die Umkleidekabinen der Kleidergeschäfte haben ein Auge, das den Kunden von der Aussichtslosigkeit überzeugt, hier etwas mitgehen zu lassen.

Wird sie bemerkt, schreckt die Kamera jedenfalls ab und beruhigt zugleich. Wer sie entdeckt hat, sucht sich unauffällig zu benehmen, auch wenn er gar nicht vorhatte, gegen Gesetze oder wider die guten Sitten zu verstoßen; um disziplinierend zu wirken, reicht es für das öffentliche Auge aus, da zu sein. Zugleich aber verheißt die Kamera – die die längste Zeit als lästig oder gar bedrohlich empfunden wurde, geeignet, die Aura eines jeden zu zerstören und seine Integrität anzutasten –, zugleich verheißt die Kamera heute Sicherheit und Schutz. Zumal die Großstädter fühlen sich in ihren Metropolen am ehesten noch vor dem Auge geborgen, das sie unablässig beobachtet und von dem sie nicht wissen, wer es ist, der mit ihm sieht. So große Unsicherheit leiden sie, daß sie bereit sind, der Demokratie des Blicks, wie sie sich in der bürgerlichen Epoche ausgebildet hat, zu entsagen und, Untertanen eines elektronischen Feudalismus, auf gleiches Sehrecht zu verzichten.

Selbst wenn wir uns dank ihr sicher fühlen, empfinden wir die Überwachung aber nicht als Fürsorge, mit der uns eine ungreifbare Obrigkeit gütig bedenkt. Wer auch könnte sich zu jenem elektronischen Auge, das ihn beobachtet, und sei es zu seinem eigenen Schutz, in ein inniges Verhältnis setzen? Jenny Ringleys Aufgabe ist es zu lehren, daß Überwachung auch lustvoll erlebt, ja als eigentlicher Lebenszweck angestrebt werden kann. Indem sie so die Entfremdung nicht kritisiert, sondern als künstlerischen Exzeß genießt, wird sie für die Verfechter einer technologisch orientierten Avantgarde zur Prophetin: Dankbar entgelten sie ihr, daß sie schon heute im Selbstversuch erprobt, was erst morgen über alle verhängt sein wird.

Was jedem unangenehm ist, belauscht und beschattet, was viele fürchten, observiert und ausspioniert zu werden, Jenny ist süchtig danach, und sie lädt alle Welt ein, noch die dunklen Winkel ihrer Wohnung und Persönlichkeit auszuleuchten. Wofür Firmen viel Geld ausgeben, daß sie nämlich über das Wissen, das in Datenbanken angesammelt wird, auf Kunden schließen und diese bei ihren Leidenschaften,

Vorlieben, Neigungen packen können, das alles und noch viel mehr gibt Jenny ihnen begeistert und aus freien Stücken. Ein Mensch, der uns ermuntert, ihn als öffentlichen Raum auszuschreiten, sucht Jenny ihr privates Leben geheimnislos als öffentliche Angelegenheit zu führen; was exzentrisch wirkt, bereitet künftiger Massenware den Weg.

Wie es wirklich ist

DER ERZBISCHOF von Denver ist ein Mann mit festen moralischen Grundsätzen. Darum hat er den Kult getadelt, der um ein schlichtes Mädchen, das zum Weltstar wurde, ohne besondere Fähigkeiten entwickelt haben zu müssen, gemacht werde. Namentlich schien das Unterfangen von Jenny Ringley, ihre Existenz als eine öffentliche anzulegen, dem frommen Mann pornographisch. Doch meinte er damit nur jene in der Fülle an angehäuftem Material des Jenny-Alltags doch recht seltenen Bilder, auf denen sie nackt oder gar beim Verkehr mit ihrem Freund zu sehen ist und die der Bischof für geeignet hielt, das sexuelle Begehren der Betrachter hochzureizen. Wem der Sinn nur danach steht, der weiß sich im Internet aber gewiß rascher mit dem Gewünschten zu versorgen, denn was den Betrachtern Jennys geboten wird, ist etwas anderes als der physische Akt, der geschlechtliche Verkehr, der im Tagesablauf immer das Außergewöhnliche bleibt und dem, im Jahreskreislauf bemessen, doch recht karger Raum zugewiesen ist. Die Pornographie, der die Voyeure von Jennys Exhibitionismus frönen, ist von raffinierterer Art, als es der Bischof befürchtete, denn es ist der spießerhafte Alltag, der hier beflissen schamlos die Beine spreizt, und die sichere Distanz, die als schwitzende Intimität zelebriert wird; die kalt genossene Orgie des Bildschirms wandelt schnarchende Normalität in erregende Verworfenheit um.

Was sie den Millionen, die sie an ihrer Hygiene und Ernährung Anteil nehmen läßt, eigentlich zeigen wolle, wurde das sonderbare Mädchen einmal gefragt, als es schon ein Star in der virtuellen Welt war und nicht nur Abertausende Zuseher, sondern auch Hunderte Nachahmerinnen gefunden hatte, und die simple wie doppelbödige Antwort lautete: »real life«. Je radikaler Jenny sich in das Medium der Entwirklichung veräußert, um so heftiger reklamiert sie die Wirklichkeit als ihr Ziel. Zum Unterschied von den altvorderen Künstlern, die der Wirklichkeit immer nur mit dem Gemachten, dem Erfundenen, eben der Kunst beizukommen suchten, verheißt das Internet jenen, die daran glauben, es selber wäre das wirkliche Leben. Just das Medium, das sich des Materiellen am weitesten entledigt, beansprucht für sich, die Wirklichkeit schlichtweg abzubilden, aufzubewahren, weiter zu vermitteln, ja zu sein.

Daran ist nicht nur interessant, daß die Propagandisten der virtuellen Welt diese als zweite Natur erkennen, sondern auch, daß die erste, die dem Menschen gemeinhin die alltägliche seines Leibes, seiner unmittelbaren Erfahrungen von Dasein, Schmerz und Hoffnungen war, ihm so fremd geworden ist, daß er sie nur mehr in der therapeutischen Gruppe oder der technologischen Weltgemeinde halluzinieren kann. Real life, das wirkliche Leben, zu spüren, dafür ist die Selbsterfahrungsgruppe zuständig, die das richtige Atmen und gegebenenfalls das Lauschen in die Eingeweide lehrt, oder die virtuelle Welt, in der es zur Umwertung aller Werte kommt: Was tot ist, erwacht dort zu einem prekären Leben in der immerwährenden Illusion des Internet, und was unverschnitten lebendig ist, das gilt für nichts, weil es sich nicht ins Bild setzen, einspeichern und vervielfachen läßt. Das Fiktive erhält den Rang des Wirklichen, die Wirklichkeit aber wird als bloße Fiktion abgetan, dieser Verwechslung, die keine zufällige, sondern eine programmierte ist, pressen unzählige Sendungen des Reality-TV ihren Erfolg ab.

Und was ist mit dem Vorwurf des Bischofs, Jenny betreibe Pornographie? Sind die Werte erst einmal umgewertet, richtet sich das sexuelle Begehren nicht mehr auf einen Körper, auf einen Menschen, dem das Attribut seiner Fleischlichkeit unveräußerlich ist, sondern auf sein Abbild, das für alle Zeiten unberührbar bleibt und doch jederzeit abrufbar ist. So hatte der Bischof, obwohl er es gar nicht meinte, so unrecht wieder nicht: Wie die Dramaturgie des pornographischen Films die endlose Wiederholung ist, indem nämlich Schwänze in Großaufname wie Dampfhämmer in vom Requisitenmeister dafür stets geschickt bereitgestellte Mösen fahren, so werden in der sozialen Alltagspornographie des Fernsehens und des Internet endlos Szenen wiederholt, die gerade in ihrer gesuchten Künstlichkeit für die Wirklichkeit genommen werden. Weil der Benutzer jedweder Pornographie aber nie zur Befriedigung seines Verlangens kommt, wird er sich, gleich an welcher Stelle des Films oder zu welcher Tageszeit von Jennys 24-Stunden-Rennen, immer wieder in das Programm einschalten und sich stets sogleich zurechtfinden, denn die Dampfhämmer rammeln immer noch, und Jenny schneidet immer noch gelangweilt die Zehennägel.

Das Leben ein Bild

Beim Gottesdienst für Lady Diana gab es einen Moment, der die Kontinente verband, indem überall, wo die Hunderten Millionen zur Trauer angetreten waren, gleichzeitig die Tränen zu fließen begannen. Es war der Moment, als der Popsänger Elton John ein Lied ins Mikrophon zu singen anhob, das er ursprünglich zum Tod einer anderen Frau, nämlich Marylin Monroes, komponiert hatte, und das ihm und seinen Zuhörern dennoch tauglich schien, neuerlich ein kollektives Wärmegefühl zu erzeugen: ein bemerkenswerter Fall von Wiederaufbereitung ausgebrannter Sentimentalität.

Wie jeder hören kann, der sich die Fähigkeit zu hören in dem unablässigen Gedudel, das unser Leben durchweht, wenigstens rudimentär erhalten hat, ist dieses Lied natürlich der reinste musikalische Analphabetismus, ein flagranter Fall von akustischer Idiotie. Musikalisch will das selbstzufrieden sich austrällernde Lied nichts anderes sagen als: Hört her, ich bin die Dummheit, und es ist angenehm, die Dummheit zu sein! Was sich dem singenden Mund Elton Johns entringt, ist Müll und kommt, auch wenn es live dargeboten wird, immer aus der Wiederaufbereitungsanlage. Das Beklemmende am Vorfall in der Kathedrale aber war nicht, daß da ein Schlagersänger seine Arbeit verrichtete, sondern daß ausgerechnet die musikalische Kopie millionenfach so unmittelbar zu Herzen ging. Als das geklonte Gefühl ertönte, erhoben sich die Zehntausenden, die im Hydepark das Spektaktel via Radio verfolgten, um ihren Respekt zu bezeugen. Niemand brauchte ihnen den Befehl dazu zu geben, sie folgten der Inszenierung ganz aus Eigenem und waren es zufrieden mit ihrer Rolle, die sie nicht erst hatten einstudieren müssen. All die Millionen, die auf den Plätzen vor den großen Leinwänden oder zu Hause vor dem kleinen Kasten weinten, haben Ergriffenheit keineswegs nur geheuchelt. Nein, ihre Tränen waren echt, denn ehrlich empfundene Trauer wird in der medialen Wirklichkeit gerade von der Fälschung hervorgerufen, und große Gefühle stellen sich in den Inszenierungen der Massenkultur nur dann ein, wenn die Lüge ihr Anlaß ist.

Ich möchte nicht darüber grübeln, wer Lady Diana war, deren Tod die weltweite Trauergemeinde, welcher von der Kulturindustrie sonst gnadenlos die Zerstreuung verordnet wird, zu solcher Besinnlichkeit zwang. Interessanter wäre schon die Frage, ob es Lady Diana überhaupt gegeben hat. Heftige Anteilnahme konnte sie jedenfalls gerade deswegen hervorrufen, weil wir von ihr, der am häufigsten fotografierten Frau der Welt, in Wahrheit nichts wußten und auch nichts wissen konnten. Ihr restlos ausfotografiertes und von der Prinzessin selbst fortwährend ausgestelltes Leben ist tatsächlich so drastisch zum Bild verflacht, daß es mit diesem identisch scheint. Was immer sie getan hat, es ist zum Bild geworden, es ist des Bildes wegen geschehen und hat Wirklichkeit innerhalb eines Universums von Bildern beansprucht. Es ist folglich vollkommen gleichgültig gewesen, wofür oder wogegen diese Bildgestalt öffentlich posieren mochte; was dabei herauskommen mußte, war immer nur Reklame, Reklame für sich selbst und Reklame für die Verflachung der Welt zum Bild. Eine virtuelle Prinzessin, konnte sie für alles und das Gegenteil davon stehen, und gerade weil sie als Figur so unbestimmt blieb, vermag ihr Bild noch heute jegliche Projektion aufzunehmen.

Längst war Lady Diana zu der Retusche geworden, die sie mit jedem Bild neu von sich anfertigen ließ. Indem sie die Öffentlichkeit als ihre private Domäne nahm, tat sie höchst professionell das Ihre, die Öffentlichkeit zu zerstören. Wo das Private öffentlich und das Öffentliche privat wird, dort schlägt ein Verhältnis um, das aus der Zeit überkommen ist, als sich die Öffentlichkeit bildete und zugleich das Private als ihr notwendiges Gegenstück erfunden wurde. Die private Marotte, etwa eines Präsidenten Vorliebe für dickliche Mädchen, wird dann zur Staatsfrage, das Millionen betreffende Anliegen aber zur Causa, über die verschwiegen und vertraulich entschieden wird. Das Gerede über persönliche Dinge exzediert bekenntniswütig und macht jedes Büro zum Studio, in dem die tägliche Talk-Show ihren Tribut an Geständnis, Skandal und Tränen eintreibt, die politischen Verhandlungen hingegen werden so intim geführt, daß die Kommentatoren von den zwei Chefs, die zusammengekommen sind, gerade noch zu vermelden wissen, daß sie »miteinander können«.

Wer zum öffentlichen Strafbeten antritt, um seine privaten Verfehlungen preiszugeben, um den ist es darum noch längst nicht geschehen. Da er ohnehin lügen muß, wenn er die Wahrheit sagen will, kann er gerade mit Gefühlen, die er nicht hat, glaubwürdig wirken und Sympathie erwecken. Die Tränen der Heuchelei sind die einzigen, die er selber innig empfindet und die ihm ergriffen abgenommen werden. Und bald beginnt Elton John selbst zu weinen, hingerissen von der rohen Rührsamkeit, mit der er singend die Kontinente bestreicht, und die Millionen weinen mit ihm, ohne Mitleid für sich selbst, gerührt und unbarmherzig, gefühllos aus Sentimentalität.

*Ein Loch, vollgestopft
mit Empfindsamkeit*

DAS FERNSEHEN brachte eine Dokumentation über das Konzentrationslager Auschwitz. Die wackelige Kamera des Kriegsberichterstatters, der im Troß der Roten Armee ins Lager gekommen war, zeigte minutenlang die Berge aufeinandergeworfener Leichen, schließlich eine Reihe ausgemergelter Menschen, die mehr tot als lebendig davongekommen waren. Und dann passierte etwas Seltsames, das nur nach und nach, gewissermaßen vorsichtig und unmerklich, in die Wahrnehmung der Zuschauer eingeschleust wurde: Den Bildern des Schreckens von gestern wurde in der Sendung von heute Musik zugespielt.

Während der Film in Schwarzweiß weiterlief und seine langsame Bewegung über die Toten und die Überlebenden fortführte, die auf ewig zusammengehören, kam, anfangs kaum vernehmlich, später unüberhörbar, aus einem imaginären Jenseits Musik, so elegisch sie mit Synthesizern nur herzustellen ist. Und unaufhaltsam wurde der Schauplatz des Massenmordes vom Kitsch durchdrungen, wie er im Studio erzeugt wird. Die Gestalter der Dokumentation fühlten sich von hehren Motiven geleitet; hätte man sie gefragt, warum sie sich in einem Medium, das zumeist mit dem Angriff auf das Gedächtnis beschäftigt ist, einer so aufwendigen, schwierigen, auch persönlich belastenden Arbeit unterzogen, sie würden geantwortet haben, daß sie erinnern, aufklären, mahnen wollten.

Die Musik aber, die düsterschön über Leichenbergen aufsteigt, sagt etwas anderes. Sie sagt, daß das Zeugnis von Sterben und Tod allein zu schwach ist. Daß das Dokument, das die Internierung und Ermordung von Menschen beweist, nicht ausreicht. Daß Schauplatz und Geschehen nicht genügen. Der langsamen Bewegung der Kamera unterlegt, sagt die Musik, daß uns erst die Ästhetisierung des Grauens erreicht und nur der Kitsch unser Gefühl bewegt. Die Trauermusik leugnet die Wahrheit der Leichenberge, indem sie das Entsetzen sentimentalisiert, und nichts könnte so gnadenlos sein wie die Sentimentalität. Sie ist kein Überschuß an Gefühl, sondern deren verleugneter Mangel, ein Loch, vollgestopft mit Empfindsamkeit. Mit ihrer wie von ferne her schwebenden Trauer behauptet die Musik, daß das Grauen, wiewohl es durch nichts mehr zu überbieten ist, überboten werden muß. So hat die Musik Teil an einem Prozeß der Übertrumpfung, der die Gewalt, damit sie erkennbar bleibe, fortwährend steigern muß, und der die Menschen, fern davon, sie empfänglich zu machen, nur immer weiter abstumpft. Am

Schluß des Films treten uns Tränen in die Augen, weil die Musik uns rührt; wir weinen wegen der Musik, die sich ihre beliebigen Anlässe findet.

*Der Wohllaut des
Untergangs*

VIELE JAHRE nachdem er im Kino den Tod gesehen und seinen Lockruf gehört hatte, fuhr Fujihiko Komura nach Bayreuth, um seine Kindheit zu suchen. Während des Krieges waren die Schulkinder jede Woche einmal ins Kino geführt worden, um die Bilder von gigantischen Schlachten und glorreichen Siegen zu sehen. Zur höheren Ehre Japans saßen sie reglos im dunklen Saal und sahen auf der Leinwand, wie die Granaten einschlugen, die die Erde hochspritzen ließen und die Männer fällten, die über diese Erde gelaufen waren, sie sahen die Bomben, wie sie aus den Flugzeugklappen fielen, erschreckend langsam zur Erde trudelten, tiefe Krater rissen und Häuser wie Brücken zum Einsturz brachten. Sie sahen elegante Piloten in ihre startklaren Maschinen klettern, deren Propeller sich bereits drehten, und sie sahen, wie diese kleinen, beweglichen Maschinen getroffen wurden und, einen rauchenden Schweif über den Himmel ziehend, schließlich brennend zur Erde niedersausten. Sie sahen die kahlgeschorenen Rekruten, die in unüberbietbarem Gehorsam totenstramm standen, ehe sie ins Feld verabschiedet wurden. Ja, sie sahen sogar Kriegsgefangene fremder Völker, wie sie erschöpft, verletzt, gedemütigt in endlosen Reihen ins Lager geführt wurden, gesenkten Hauptes, vorbei an ihren japanischen Wächtern, die unbewegt je zwei und zwei an sich vorüberhumpeln ließen. Die Kriegspropaganda zeigt immer viel mehr, als jene, für die sie gemacht wird, nachher gesehen haben wollen, und wer sich nicht weigert wahrzuhaben, was wahrzunehmen ist, der kann in den durch alle Dienststellen von Zensur und Propaganda gegangenen Wochenschauen erkennen, wozu und wie dieser Krieg geführt wird.

Viele Jahre später machte sich Fujihiko Komura, der Hölderlin und Trakl ins Japanische übersetzte und als einer der bedeutendsten Germanisten seines Landes an der Universität Hiroshima wirkte, auf nach Bayreuth, um den süßen Schrecken zu begreifen, der ihm damals in die Glieder gefahren war. An einem einzigen Abend, ehe er von Salzburg weiterfuhr, der düsteren Verlockung seiner Kindheit entgegen, hat er mir von seiner lebenslangen Suche nach dem verführerischen Wohllaut des Untergangs erzählt. Wann immer das Licht im Kinosaal erloschen war, erhob sich zu den ersten Bildern der Kriegswochenschau ein so gewaltig brausender Orchesterklang, daß ihm das Herz zu stocken drohte. Dann, wie erdrückt von der sich höher und höher wölbenden Fülle, in der die Bläser die Streicher zu jagen schienen und diese beiden vom donnernden Schlagwerk weitergetrieben wurden, sah man die Motoren der ersten Flugzeuge heulen, man sah sie heulen, denn man hörte sie in dem alles übertönenden, überheulenden Sturm des Musikstücks nicht. Und immer wenn die Musik über den ersten Gipfel hinaus war und sich in leiseren Tönen der Geigen und Flöten zum nächsten Sturm sammelte, fielen die ersten Bomben des Films, und in der alsbald mächtig wogenden Süße gingen die ersten Häuser in Flammen auf, blieben die ersten Soldaten, niedergesunken im Vormarsch, liegend zurück.

Wenn die Musik mit einem Mal verstummte und die bellende Stimme des Kommentators erklärte, zu welchen ruhmreichen Schlachten die Bilder, die zu sehen waren, gehörten, welche Regionen feindlicher Staaten in dieser Woche einzunehmen gelungen war, um welche Städte der Gürtel der Belagerung enger gezogen wurde und wo überall auf dem Kontinent die gestählten Truppen des Tenno siegreich kämpften, dann sehnte sich Fujihiko nach nichts anderem als danach, daß die Musik wieder beginnen, den strategischen Vortrag beenden und er noch einmal in den musikalischen Rausch des Krieges gezogen werden möge. Nach dem kreischenden Rapport über die Siege der Woche setzte für den Rest des Films wieder Musik ein, die sich in unerhörtem Pathos türmte, so daß die Schüler sich darunter klein und erschüttert doch als Teil eines gewaltig großen Ganzen empfanden. Wenn sie das Kino verließen und ins Licht und in die Geräusche des Alltags traten, fühlten sie alle sich namenlos enttäuscht, aus der Ekstase von Vernichtung und Wohllaut, aus diesem dröhnenden Triumph von Schönheit und Untergang ausgespien worden zu sein.

Fujihiko war zehn Jahre, als er in den Kriegswochenschauen die fremde und überwältigende Musik hörte, er war dreißig und Dozent für Germanistik, als er ihr zufällig wieder begegnete und erfuhr, daß sie von einem deutschen Tonsetzer stammte, und er war fast sechzig, als er endlich nach Bayreuth fuhr. Als ich ihn kennenlernte, war er gerade damit beschäftigt, die erste japanische Ausgabe mit Schriften Walter Benjamins vorzubereiten, doch nach Deutschland hatte ihn nicht dieses editorische Projekt, sondern die verstörende Erfahrung mit deutscher Musik gebracht. Richard Wagner war für ihn der Versucher geblieben, der ihn, den Japaner, dem der rohe Überschwang, die zügellose Hingabe musikalisch gänzlich fremd war, in gefährliches Terrain lockte.

Freundlich, bleich, ein wenig müde von dem atemlosen Gespräch, winkte er noch aus dem Fenster des Zuges, der ihn nach Bayreuth bringen sollte. Aber er begegnete dort nicht der eigenen Jugend mit ihrer Begeisterung für einen von Wagner umtosten Untergang, sondern dem Tod, denn der drahtige Professor brach noch am Tag der Ankunft, von einem Herzinfarkt getroffen, zusammen, ehe er die Weihestätten besichtigen hätte können.

Ein jäh gealterter Mann, wurde er einige Wochen später von seiner Familie nach Japan zurückgeholt und bald darauf vor der Zeit emeritiert. Wagner, so schrieb er, setzt bei seinen Zuhörern nicht das unterscheidende Gehör voraus, die Fähigkeit und Bereitschaft, eine musikalische Struktur wahrzunehmen, sondern Hingabe, gerade so wie die archaische Musik, mittels der sich ein Kollektiv in Trance versetzte, oder die Popmusik, die den Zuhörern stampfende Identifikation ermöglicht. Die Musik, wie er sie damals im Kino zur Kriegswochenschau erlebte, feierte die Gewalt als glückhaftes Massenerlebnis und ließ ihn später den Untergang als Walten eines düsteren Schicksals genießen. Erregend war es, in dieser Musik verloren zu gehen und, betrunken von ihr, den eigenen Untergang vorweg zu nehmen. Sie lügt, diese Musik, schrieb der japanische Professor, der zugleich nicht aufhören mochte, dieser Lüge verfallen zu sein.

*Die Meuterer der
Echtzeit*

FLETCHER CHRISTIAN wußte, daß sie einzig ein Ort retten konnte, der keinerlei Verbindung zur Außenwelt hatte, ja durch die natürliche Beschaffenheit seiner Küste gar keine zuließ. Denn die britische Regierung hatte unter all den mitleidlosen Kapitänen, die ihr dienten, längst einen der ehrgeizigsten ausgewählt, sie zu suchen, zu stellen, in Ketten zu legen und nach England zurückzubringen. Der Stille Ozean ist eine unermeßliche Weite, nur den Laien aber, der von der Schiffahrt nichts versteht, wundert es, daß selbst zwischen den großzügig auseinandergestreuten pazifischen Inseln nicht so leicht jemand verloren gehen kann, es sei denn, sein Schicksal risse ihn in die Tiefe des Meeres hinunter. Alle anderen jedoch, die zu Schiffe verschwinden wollen, hinterlassen Spuren ihres Verschwindens, Spuren auf den abgelegenen Inseln, die sie auskundschaften, und in den geschäftigen Häfen, an denen sie anlegen, Spuren im Gedächtnis des Meeres ...

Einige Monate, nachdem sie den unbeherrschten Captain Bligh mit neunzehn Mann auf einem Rettungsboot ausgesetzt hatte, war die Besatzung der

Bounty noch immer unterwegs, diesen Ort auf Erden zu finden, der ihr als Versteck und zum Leben taugte. Ein paar aus der Mannschaft waren im warmen Tahiti geblieben, wo es ihnen mit den Eingeborenen wohlerging und sie der britischen Justiz nicht gedachten, die sie nach ein paar Jahren doch holen, in die kalte Heimat verschleppen und dort auf den Masten eines Schiffes hängen sollte. Die anderen segelten unter Fletcher Christians Kommando, zerstritten und fast schon zermürbt, in der Inselwelt des Stillen Ozeans umher. Bis sie eine dreihundert Meter hochragende, durch Korallenriffe gegen das Anlegen von Schiffen geschützte Insel von beinahe fünf Quadratkilometern Fläche fanden, die nach dem irischen Matrosen, der sie ein paar Jahrzehnte zuvor als erster, auf einem anderen Schiff vorbeisegelnd, erblickt hatte und in die Seekarten eintragen ließ, Pitcairn hieß.

Pitcairn ist ein sturmumbraustes Stück Gebirge mitten im Meer, und als die neun Meuterer von der Bounty, die noch übriggeblieben waren, mit den zwölf Frauen und sechs Männern, die sie in Tahiti überredet hatten, mit ihnen zu gehen, auf der Insel anlegten, ging die Bounty, ein ansehnlicher Dreimaster, in Bruch. Und das war ihnen gerade recht, denn sie waren nicht auf die einsame Insel gekommen, um sich später wieder über die Meere jagen zu lassen, sondern sich hier, wo kein Schiff je anlegte, für den Rest ihres Lebens seßhaft zu machen. Der natürliche Reichtum an Nahrungsmitteln, Süßkartoffeln, Tieren, Früchten war groß, und die über den Rand der Zivilisation Gespülten gingen mit großem Geschick und Eifer daran, die Insel bewohnbar zu machen.

Nach ein paar Monaten, als sie sich sicher wußten, niemals entdeckt zu werden, suchten sie die Zivilisation, aus der sie kamen, aus Eigenem aufzurichten. Zuerst teilten die Briten das Land gerecht unter sich auf und erklärten die Tahitianer zu ihrem Arbeitsvolk. Dann gingen die Weißen daran, sich gegenseitig umzubringen, bis die Tahitianer beschlossen, sich von ihren zerstrittenen Sklavenhaltern zu befreien und ein paar von ihnen umbrachten, was wiederum für zwei von ihnen das Todesurteil durch die überlebenden Weißen bedeutete. Schließlich waren nur mehr ein einziger Mann, neun Tahitianerinnen und etliche braune Kinder, die von den Seeleuten gezeugt worden waren, ehe sie sich gegenseitig massakrierten, übriggeblieben. Seltsamerweise war es der Matrose Smith, der den jahrelangen Kampf jedes gegen jeden überlebte. Er hatte als der nachdenklichste der rauhen Truppe gegolten, und als er endlich der einzige und keiner mehr da war, der noch umgebracht werden hätte können, da wurde es auf der Insel mit einem Mal beklemmend friedlich. Smith bekam es unvermittelt mit der Religion, wähnte sich an den Anfang der Welt versetzt und nannte sich fortan Adam, John Adam, ein alternder Patriarch, von alternden Frauen umgeben. Eine muntere Schar von Kindern, aus denen sich nach einer von den Frauen genau vorgegebenen Regel neue Paare bildeten, die ihrerseits wieder Kinder zeugten, bevölkerte das Paradies, in dem kein Kain seinen Bruder umbringen mußte, weil das schon die Väter untereinander ausprobiert hatten.

Natürlich ist Pitcairn irgendwann von den vorbeifahrenden Schiffen entdeckt worden, aber da lebte keiner mehr von denen, die vor ein britisches Gericht hätten gebracht werden können. Weil kaum jemand zuwandern mochte, wird sich die Bevölkerung über Generationen vorwiegend aus dem eigenen Bestand vermehren, und tatsächlich lassen sich noch heute alle Familien, die auf Pitcairn wohnen, auf einen der Einwanderer zurückführen. Mehr als ein paar Hundert Bewohner hatte Pitcairn nie, heute werden die Kinder zur schulischen Ausbildung in australische Internate geschickt, und wenn sie zurückkommen, bleiben sie oft nicht für lange, sondern suchen sich ihre Arbeit gleich wieder irgendwo in der Ferne, dort, wo viele Menschen sind. Andere wiederum, die ihr Arbeitsleben lang wer weiß wo geschuftet haben, kehren doch nach Pitcairn zurück. Fünfundfünfzig teils hochgebildete, das Land mit moderner Technik bebauende Pitcairner leben heute auf der Insel der Meuterer und der geraubten tahitianischen Frauen. Von ihrer Staatsbürgerschaft sind sie allesamt Briten, denn das englische Königreich datiert die Zugehörigkeit Pitcairns zu Großbritannien natürlich von dem Tag an, da die Meuterer, auf der Flucht vor der englischen Justiz, die sie an den Galgen bringen wollte, die Insel betraten.

Die nächste bewohnte Insel ist rund tausend Meilen und trostlos viele Wellen weit weg, und so kommt selten jemand vorbei in Pitcairn. Drei Monate dauert es, bis sich wieder das australische Postschiff per Funk anmeldet, aber es legt nie an, denn am Hafen von Pitcairn können die Schiffe noch immer nicht landen, sondern wartet eine Meile draußen auf dem Meer, daß eines der kleineren Boote hinausfährt und sich die Post, die bestellten Waren und gewünschten Arzneien holt.

In Pitcairn hat jeder Haushalt einen Fernseher, und man könnte die Leidenschaft der Inselbewohner für das Fernsehen verstehen, wenn es eine Leidenschaft wäre und ein Fernsehprogramm gäbe. Aber in Pitcairn kann kein Programm empfangen werden, weil schon die nächste Fernsehstation viel zu weit entfernt ist. Manche hoffen zwar auf ein Wunder, wie es sich vor Jahren in Norwegen ereignete, als plötzlich, eines Samstag nachmittags, für eine Viertelstunde auf den Bildschirmen das Testbild einer neuseeländischen Station erschien, die seit vielen Jahren ein ganz anderes, im Design vorteilhaft verändertes Bild ausstrahlt und von der noch nie ein Film über ihre Senderegion hinaus gelangt war. Gleichwohl sitzen die Pitcairner nicht vor ihren Fernsehern und warten darauf, daß ihnen eine Laune der Atmosphäre von einem irgendwo auf der Welt erloschenen Sender neue, alte Bilder schenkt. Vielmehr trägt das Postschiff stets eigenartige Fracht mit sich.

In einer großen Kiste sind Kassetten gestapelt, die die Nachrichten der letzten drei Monate, chronologisch von Tag zu Tag geordnet, aufgezeichnet halten. Und wenn das Schiff sich wieder entfernt hat und all die Sachen, die es brachte, ausgepackt sind, dann erscheinen auf den Fernsehschirmen von Pitcairn die Nachrichten der letzten Monate, die sonst auf der Welt längst verweht sind im Wind der Neuigkeiten. Mancher, dem es nur darum geht, rasch zu erfahren, was der neueste Stand der Dinge draußen, in der Welt, sei, schiebt gleich jene Kassette in seinen Videorecorder, die die zuletzt aufgezeichneten Nachrichten enthält, ehe das Postschiff sich auf seinen Weg machte. Die meisten jedoch sind strikt dagegen, daß die Entwicklung so verkürzt werde, und sie schauen sich die Sendungen der Reihe nach an, Tag um Tag, wie es der Chronologie entspricht. Getreu leben sie hinterher, was sich drei Monate zuvor ereignet hat, und wenn sich eine Geschichte über längere Zeit hinzieht, dann bangen sie nicht minder von einem Tag auf den nächsten, wie es nur irgendwo die Fernsehzuschauer tun, die sich für bestens informiert halten, weil sie von ihrer Fernsehanstalt zur rechten Zeit mit Nachricht versorgt wurden.

Freilich, was heißt zur rechten Zeit? Im Internet verwendet man den Begriff »Echtzeit«, der besagt, daß das, was irgendwo auf der Welt gesendet wird, im selben Augenblick, und nicht etwa erst mit der Verspätung von einer Zehntelsekunde, anderswo zu empfangen ist. Natürlich war das Internet eine Erfindung, die militärischen Zwecken, von Nutzen nicht zu reden, dienen sollte, und darum wird es, selbst wenn friedliche Menschen sich seiner bedienen, immer etwas von jenem kriegerischen Charakter behalten, der auch im Kampf um die Echtzeit unverkennbar ist. In Pitcairn herrscht eine andere Echtzeit, und fast schon sind die Bewohner der Insel wieder Meuterer geworden, Meuterer der Beschleunigung, welche auf eine Echtzeit zurast, die den Raum stiehlt und die Zeit, die echte, vergehende, zunichte macht. Fletcher Christian, der segelnd den Raum erfahren hat, wußte, was Zeit ist, er war ein vorausschauender Mann, er hat Pitcairn gefunden, wo man die Nachrichten sieht, die vor drei Monaten gesendet wurden.

Das Mädchen Audrey Santo

AUDREY SANTO hält die Augen geöffnet, aber die Ärzte zweifeln, daß sie etwas sieht. Obgleich immer dann, wenn man sie für völlig ohne Bewußtsein halten will, ihr starr himmelwärts gerichteter Blick aufzuleuchten scheint. Seitdem Audrey reglos in ihrem Bett liegt, geöffneten Auges am Tage, geöffneten Auges in der Nacht, sind zehn Jahre vergangen, in denen sie vom kleinen Kind zum Mädchen wuchs, wurde zehn Mal Geburtstag gefeiert in Worcester/Massachussetts, mit Kerzen und Gästen, sobald der Herbst gekommen war. Audrey war drei, als sie in den Swimmingpool eines Motels fiel und erst nach ein paar Minuten entdeckt wurde, die sie am Grunde des Bassins gelegen hatte. Die Ärzte im Spital machten den Eltern keine Hoffnungen, der Zustand der Patientin, deren Gehirn durch den Mangel an Sauerstoff irreparabel geschädigt sei, könne sich bessern; vermutlich werde er sich aber bald schon erheblich verschlechtern, etwa über eine Lungenentzündung, sofern die Natur sich gnädig erweise. Die Eltern, einfache Leute, wie man so sagt, mochten sich mit der Diagnose so wenig abfinden wie mit der Prognose und nahmen Audrey nach Hause, an den grünen Rand von Worcester, einer Kleinstadt, die der Reiseführer unbedeutend nennt. Und Audreys Zustand verschlechterte sich keineswegs, blieb vielmehr, wie er war, sieht man davon ab, daß dem Kind die schönsten schwarzen Haare der Gegend wuchsen und ihre Züge, wiewohl sie sich nicht fein und geschmeidig hatten ausbilden können, etwas Elfenartiges anzunehmen und auszustrahlen begannen.

Heute liegt das Mädchen in einem sauber ausgeweißten Zimmer, die Wände zieren Heiligenbilder und Aufnahmen von Audrey, deren hohes Bett als schlichter Thron in der Mitte des Zimmers steht. Nach der einen Seite, an der die Besucher vorbeigeführt werden, wird das Zimmer von einer großen Glaswand begrenzt, die über die ganze Breite des Raumes vom Boden bis zur Decke reicht. Wer hier vorbeigehen, kurz verweilen, beten und die Heilige auf ihrem Thron betrachten will, der muß sich frühzeitig anmelden.

Im Lauf des Jahres 1996, in dem Audrey zwölf wurde, kamen gerade 200 Besucher, um das Mädchen zu sehen, 1997 waren es viertausend und 1998 fast zehntausend. Mehr können übers Jahr nicht durch den schmalen Gang geschleust werden. So mußte die Familie Santo den Wallfahrern Beschränkung verordnen – bis in das Jahr 2002 hinein ist Audrey ausgebucht. Wer sie sehen möchte, kann seinen Wunsch schriftlich erklären, kommt auf die Liste und erhält einen Termin, zu dem er in Worcester Einlaß findet. Für manche wird es, da die Familie Santo strikt demokratisch vorgeht und keine Bevorzugungen duldet, womöglich schon zu spät sein, wenn ihr Tag endlich gekommen ist. Denn wer vor dem Glas zu Audreys Zimmer für die Gesundheit des Mädchens betet, soll dafür von Gott mit eigener Gesundheit belohnt werden.

Zumindest in drei Fällen haben Kliniken in Massachussetts medizinisch nicht erklärbare Verbesserungen im Zustand schwer Erkrankter festgestellt. Verständlich, daß die Leidenden von weit her pilgern, um dem Wunder der Heilung teilhaftig zu werden. Das Wunder, wie es der Vater Audreys versteht, ein in seiner tüchtigen Frömmigkeit rechtschaffener Mann, ist eigentlich gar keines, sondern eine Wechselwirkung. Gesund zu werden hat nur jener Aussicht, der inbrünstiger, als daß er um seine eigene Gesundheit besorgt ist, Gesundheit für das unschuldige Mädchen erfleht. Und das ist nicht leicht, denn bei aller Zuneigung, ja Verehrung begehrt doch fast ein jeder, zuerst selber gerettet zu werden, mag er auch ergriffen für das Mädchen, das rein, entrückt, geöffneten Auges vor ihm liegt, zu Gott beten.

Einen Blick auf Audrey zu erhaschen, hoffen alle die Pilger, die mit ihren Autos oder in Reisebussen kommen. Einen Blick von Audrey Santo empfangen zu haben, behaupten viele, die sich nach dem Besuch erwärmt, von einer unnennbaren Energie durchdrungen fühlen. Audreys Augen sind zwar zumeist starr zur Decke gerichtet, doch drehen die fürsorgenden Eltern sie alle paar Stunden zur Seite, und dabei wird auch die Stellung des Kopfes ein wenig verändert, so daß Audrey manchesmal direkt in die Reihen der Besucher zu blicken scheint. Die Pilger suchen diesen Blick, er ist es, von dem sie erhoben, gerettet zu werden hoffen. Jeder Schutzheilige möchte anders verehrt werden: Der eine will, daß vor seinem Bildnis eine Kerze entzündet werde, der andere, daß man seiner Statue die Zehe küsse, dieses Mädchen aber, schön wie eine Figur aus Porzellan, begehrt, betrachtet zu werden, und die Wallfahrer kommen, um es zu sehen und von ihm geschaut zu werden. Manche beschreiben seinen Blick als warmherzig und mitleidig, andere meinen, er sei nicht mehr ganz von dieser Welt. Schneeweiß ist die Stirn des Mädchens, schneeweiß das Laken, tiefschwarz das Haar, das zu beiden Seiten des Hauptes lang und dicht auf die Decke gebreitet liegt, und dunkel glänzen seine nie bewegten, nie von ermüdeten Lidern bedeckten Augen.

Daß Audrey nicht blinzeln kann, ist ein medizinisches Problem. Weil die Augenflüssigkeit, wie sie im Blinzeln sich bildet und verteilt wird, fehlt, drohen die Augen stets auszutrocken, so daß dem stummen Mädchen regelmäßig Flüssigkeit eingetröpfelt werden muß. Viele, die von Audrey Santos Unfall und Heiligenleben gehört haben, meinen, daß sie so gut wie tot sei und von all dem, was um sie und mit ihr geschieht, nichts mehr mitbekomme. Doch ist nicht immer wieder von Menschen zu lesen, die, für tot oder so gut wie tot erklärt, aus dem Koma erwachten und genau zu berichten wußten, was an ihrem Bett gesprochen und wie mit ihnen und ihrem Leib verfahren wurde? Die Eltern und Geschwister, die Nachbarn und der Gemeinderat von Worcester und die vielen Pilger sind sich sicher, daß Audrey fühlt und sieht und Anteil nimmt; die Entrückung halten sie für keine Folge des Unfalls, sondern die natürliche Daseinsform des Mädchens, lebt es doch zwischen der Erde und dem Himmel, den Sündern und Gott, und die Engel haben keine Körper, und Audrey ist ein Engel, der zur Erde gekommen ist und darum sichtbar werden mußte.

Der Bischof der Gegend hörte es anfangs nicht gern, aber als sich die Nachrichten wiederholten, daß manchmal, wenn Audreys Blick auf den eines Besuchers fällt, ein mirakulöser Lichtstrahl durchs Zimmer gehe, der mit der Sonne und den Reflexen des natürlichen Lichts nichts zu tun haben kann, gab er nach und bestätigte der regionalen Presse, daß es Zeichen und Wunder auch in unserer Welt gebe. Später war er es, der die Garage des Hauses zur Kapelle weihte. Freunde, die dem Ehepaar Santo helfen, den nie versiegenden Strom der Pilger in würdige Bahnen zu lenken, haben inzwischen eine Gesellschaft gegründet, die gemeinnützige, steuerlich begünstigte *Apostolate of a Silent Soul Inc.*, die eine ganz dem Leben Audrey Santos und dem Lobpreis Gottes gewidmete Monatszeitschrift herausgibt.

*Wie das Chaos nach
Salzburg kam*

PFINGSTEN, das friedliche Fest, war gekommen und Salzburg glich einer Stadt, über die der Ausnahmezustand verhängt war. Am Freitag schon erreichten Schülerinnen aus gutem Hause, die sich in ungebührlicher Kleidung auf ihrem Weg befanden, die Schule nicht mehr, und leichtsinnige Lehrlinge, deren Haartracht dem Fahndungsbild glich, wurden auf der Straße aufgegriffen und nach Hause expediert. Wer verdächtig war, unter dreißig zu sein und in seinem Äußeren dem zu entsprechen, was das Frühjahr 1997 über der Bevölkerung als Schreckbild des randalierenden, zertrümmerte Fensterscheiben fressenden und auf die Sockeln denkmalgeschützter Denkmäler scheißenden Chaoten vorgezeichnet wurde, der hatte wenig Aussicht, seine eigene Stadt zu durchqueren. Er wurde höflich ersucht, lieber heimwärts zu eilen und es sich über die Festtage in seiner Wohnung gemütlich zu machen, oder vorsorglich mit dem wohlerwogenen Hinweis vom Fahrrad gerissen, es sei ihm im Guten geraten, sich hier nicht wieder blicken zu lassen. Am Abend war die Innenstadt ausgestorben, und wer schon immer sehen wollte, wie es eine relativ kleine südamerikanische Elitetruppe der Bodenstreitkräfte zuwegebringt, eine ganze Stadt abzuriegeln, so daß weder Zuzug noch Entkommen möglich ist, der brauchte nicht ins Kino zu gehen.

An den Ausfallstraßen waren doppelte Sperren errichtet, die nur Panzer hätten durchbrechen können, doch die Ankunft feindlicher Panzer war vom Nachrichtendienst des Bundesheeres nicht angekündigt worden. Wer mit seinem Wagen die äußeren Bezirke erreichte, mußte über ein paar Hundert Meter im Schrittempo fahren, vorbei an pflichtgetreu kontrollierenden, überwiegend gutgelaunten Dutzendschaften von Polizisten, die, allesamt in lederne Kampfmontur gezwängt, mit Vollvisierhelmen, Funkgeräten sowie jederlei Waffen für den schießenden und schlagenden Gebrauch ausgestattet waren. Bedrückende Ruhe lastete über der Stadt, die sich solchen Schutz erbeten hatte und ihn nun doch in verzagter Stimmung empfing. Selbst die Betrunkenen schlichen sich aus den Gasthäusern ganz gegen ihre Art und gewissermaßen gegen die natürliche Beschaffenheit ihres Zustands wie geprügelte Hunde heimwärts, vermutlich in der Besorgnis, andernfalls zu solchen zu werden.

Diese Vorsicht freilich war übertrieben, denn die Polizisten, die an ihrer kampftauglichen Adjustierung und den für die Jahreszeit ungewöhnlich hohen Temperaturen litten, waren angehalten, der Bevölkerung, war sie erst einmal als solche, das heißt als harmlos agnosziert, freundlich und hilfsbereit zu begegnen.

Schon vor Mittag war mir, als ich den Schlund der Mönchsberggarage passierte, der sich nahe meinem Wohnhaus zwischen einer Stiege, die zum Berg hinauf, und einem Kanal, der durch den Berg hindurch führt, auftut, unvermittelt ein riesiger Mann entgegengetreten, den man wegen seiner gewaltigen Statur vielleicht für einen wahren Bullen von Polizisten gehalten haben würde, hätte man ihn wegen der aufwendigen Maskierung nicht für einen tolpatschigen, lange vor dem Betreten des angestrebten Gebäudes auffällig gewordenen Bankräuber halten müssen. Als er merkte, wie ich durch sein jähes Auftreten aus der Dunkelheit der Garagenausfahrt heraus erschrak, hatte er sich unter erheblicher Mühe das ganze Netzwerk von Kopfhörern und Mikrophonen, mit dem er einerseits offenbar mit einer Zentrale, andrerseits mit dem nächsten Posten, der irgendwo ähnlich unauffällig im Gelände stehen mochte, verbunden war, vielleicht aber auch eine direkte Leitung zum Innenminister und eine zum Generalsekretär der Nato erhalten konnte, vom Kopf gerissen und sich mit dem Zuruf *ois wegn die Preißn, die Deppn* mit mir ins Einvernehmen gesetzt.

Von dieser Auffassung immerhin konnte man sagen, daß sie weite Teile der Bevölkerung sich zu eigen gemacht hatte, denn daß die deutschen Chaoten ausgerechnet nach Salzburg kommen müßten, um sich gegenseitig zu prügeln, war wirklich niemandem einsichtig. Daß sie sich also gefälligst *bei eana dahoam* die

Schädel einschlagen mögen und die Autos ihrer Väter, nicht die unseren, in Brand stecken sollten, war städtischer Konsens. Doch die Preußen, die Rowdies aus Bochum, die Düsseldorfer Chaoten, so lange angekündigt, so bebend erwartet, sie kamen nicht, und in den drei Tagen, die die polizeiliche Aktion dauerte, wurden keine zwanzig von auswärts gegen Salzburg strebende Männer aufgegriffen, denen der Vorsatz, sich steinewerfend zu betätigen, immerhin zuzutrauen war, und die daher alsogleich der Stadt verwiesen wurden, noch ehe sie sie betreten hatten.

Die *Chaostage von Salzburg*, die monatelang als Tage des Schreckens herbeigefleht wurden, waren ein voller Erfolg. Erstmals in der Geschichte der Stadt, die manchen Exzeß der Obrigkeit kennt, ist über das Internet, das Medium der Virtualität, ein Gefühl realer Bedrohung verbreitet worden, das so groß war, daß sich die Bürger nicht nur gerne ihrer eigenen Freiheitsrechte begaben, sondern sich geradezu in einen plebiszitären Aufruhr der Hetzpresse jagen ließen. Die innenstädtischen Kaufleute, die ansonsten nicht müde werden, dem Staat, der Stadtverwaltung, den Behörden, den Verkehrspolizisten die Schuld daran zu geben, daß ihre Geschäfte immer schlechter gehen, wieselten, soferne sie ihre Lokale nicht überhaupt für drei Tage verriegelten und die Auslagen mit Brettern zu einem undurchdringlichen Verschlag hämmerten, in unterwürfiger Dankbarkeit umher und verabreichten den Patrouillen Tee aus Thermoskannen, wie sich die

Fleischer beeilten, Leberkässemmel im Zehnerpack gratis an die Ordnungsmacht zu verteilen. Im Internet, hieß es, hatten sich die vereinigten Anarchisten Deutschlands vereinbart, in Salzburg Pfingstspiele abzuhalten.

Daß sich im Internet ein paar Leute den Spaß gemacht hatten, eine virtuelle Revolution auszurufen, ist eine allzu harmlose Erklärung des Geschehens, denn war der Aufruf zum Sturm auf Salzburg auch ein virtueller, hat er doch zu einem realen Notstand geführt. Es ist gar nicht nötig, an eine administrative Verschwörung zu glauben und zu behaupten, eine Abteilung der Polizei selber hätte im Internet jene Aufrufe zu einem Aufstand plaziert, den sie später mit einer noch nie gesehenen Streitmacht im Keim zu ersticken vermochte – wenn es nur einen solchen Keim überhaupt gegeben hätte! Zwar dachten manche, die entsetzt sahen, wozu sich ihre Heimatstadt mitten im Frieden und in geordneten Zeiten zu verwandeln vermag, es hätte sich überhaupt um ein Planspiel der Polizei gehandelt, die einmal im Manöver erproben sollte, was sich ansonsten nur im Seminar erdenken läßt. Doch ging es damals nicht um eine Verschwörung, sondern eine Täuschung, freilich eine, die manchem zur rechten Zeit kam. Wie so oft verkehrt sich für den, der an das Internet glauben möchte, Wahrheit und Wunsch, Wirklichkeit und Halluzination. Die Polizei hat das phantastische Spiel, das dort einige trieben, als jene Realität genommen, die ihr gerade zupaß kam, und darum ist eine Fiktion, vor dem Bildschirm und für den Bildschirm ersonnen, am Bildschirm erprobt und über den Bildschirm verbreitet, realitätstüchtig geworden.

Am Dienstag nach Pfingsten, als die Chaoten, die gar nicht hier waren, wieder weg waren, fehlten im Mirabellpark, einer Gartenanlage auf halber Strecke zwischen Innenstadt und Bahnhof, ein paar Tausend Blumen. Getrieben von der Hetze, die sie selber betrieben, mutmaßten die lokalen »Salzburger Nachrichten«, die Chaoten hätten sich, verärgert, daß sie in der Stadt das enorme Polizeiaufgebot abgeschreckt hatte, auf dem Abmarsch zum Bahnhof wenigstens an den Blumen schadlos gehalten, wenn ihnen schon keine Menschen zum Terrorisieren unter die Fäuste kamen. Mitte der Woche ließ das Gartenbauamt wissen, die städtischen Gärtner wären es gewesen, die die Blumen auftragsgemäß wie alle Jahre entfernt hatten, damit Platz für die frischen Setzlinge wäre. Immerhin, die virtuellen Mörder waren die wirklichen Gärtner, das tröstet.

III. Worte, Zeichen

Vom Komparativ

WAS HÄTTEN WIR vom Wetter, wenn wir es nicht als schön, stürmisch, wechselhaft, verheerend bezeichnen könnten? Wie arm wäre unsere Welt, wenn die Dinge, von denen wir sprechen, jener beweglichen und biegsamen, an Tönungen und Schattierungen so reichen Wörter entbehrten, die die Grammatik als Adjektive klassifiziert? In der Schule lernen wir sie unter dem Namen Eigenschaftswörter kennen, und das legt uns nahe zu glauben, all die Dinge, mit denen wir es zu tun bekommen, wären mit Eigenschaften ausgestattet und daher gut oder böse, freundlich oder gefährlich. Was die Kinder in der Schule lernen, wissen sie zumeist schon von selbst, denn daß die Welt eine belebte ist und nichts existiert, was tot, ohne Leben, ohne bedrohliche oder angenehme Eigenschaften ist, diese Einsicht steht ihnen noch offen und verengt sich erst mit den Jahren, die unweigerlich auf sie zukommen. Die Adjektive jedoch, die nichts zu tun scheinen, als die Welt vielfältig und bunt zu machen, sind eine abgründige Wortart. Unter allen Worten vermögen alleine sie es, Steigerungsstufen zu bilden und sich selbst von der Grundstufe, dem Positiv, in die Höher- oder Mehrstufe, den Komparativ, und gar in die Meist- oder Höchststufe, den Superlativ, zu setzen. Das hat manchesmal unerwartete Folgen, mitunter sogar für den Klerus, wandte sich doch ein argloser Bischof nach einem Jahr, das die Kirche in Zwist und Hader zeigte, mit der Hoffnung an seine Mitbrüder, daß »wir alle wieder ehrlicher miteinander umgehen werden«.

Was der fromme Hirt ersehnte, war nicht, daß die Katholiken künftig ehrlich zueinander sein mögen. Nein, wo der Streit groß ist, müssen die Hoffnungen, ihn würdevoll zu beenden, größer sein als nur groß. Nicht daß die Katholiken ehrlich werden, kann sie noch zueinander bringen, was ihnen abverlagt wird, ist mehr: *Ehrlicher* müssen sie sein. Der nichts als ehrlich gemeinte Satz des Bischofs gibt zu zwei Überlegungen Anlaß. Erstens: Ist es logisch möglich, daß man die Ehrlichkeit noch steigere – und gerät man dann, wenn man es zuwege bringt, der Wahrheit näher oder der Lüge? Und zweitens: Ist, sprachlich gesehen, wer ehrlicher ist, nun ehrlicher als ehrlich, oder ist er nur mehr nicht ganz so unehrlich wie zuvor, also wiederum noch längst nicht ehrlich?

Im Regelfall zeigt der Komparativ ein Mehr an Etwas an, weswegen er ja auch als die Mehrstufe bezeichnet wird. Wer schneller ist als der Schnelle, der muß ein Mehr an Geschwindigkeit erreichen wie dieser, damit er es sei. Gelegentlich aber weist die Sprache mit ihrem komparativischen Hintersinn just in die andere Richtung. Denn ein älterer Mann ist keineswegs einer, der älter, vielmehr einer, der jünger als ein alter ist. Die Steigerung *älter* bezieht sich also auf einen anderen Ausgangspunkt, der gar nicht genannt wird, und zwar auf das Gegenteil von alt, nämlich jung. Wer ein älterer Mann ist, ist also seltsamerweise jünger als alt, aber älter als jung. Nun aber ehrlich gesagt: Will, wer ehrlicher zu sein verspricht, die schlichte und darum ein wenig langweilige Ehrlichkeit übertreffen, oder hat er vor, sie zu unterbieten? Was hat der Bischof im Sinn, wenn er sich wünscht, wir alle, er eingeschlossen, würden ehrlicher miteinander umgehen? Sehnt er himmlische Verhältnisse herbei, in denen wir der Wahrheit über das bekannte Maß von Ehrlichkeit hinaus teilhaftig werden, oder möchte er sich nur mit den irdischen Verhältnissen arrangieren und vorschlagen: Liebe Leute, ehrlich zu sein, das schaffen wir nie, aber tun wir doch ab sofort ein bisserl seltener lügen!

Ehrlich währt *am längsten*, lehrt das Sprichwort. Ehrlicher hingegen zieht *kürzer*. Die Sprache weiß es; jetzt müssen es nur noch die begreifen, die da sprechen, und die, denen gepredigt wird.

Allenthalben sind wir von Komparativen umstellt, die ein Mehr signalisieren, aber ein Weniger bedeuten. Die Gewerkschaften verlangen, daß der Reichtum endlich *gerechter* verteilt werden müsse. Mir wäre es zwar genug, wenn es gerecht dabei zuginge; doch in einer Zeit, von der die Verkaufsberater behaupten, daß die Bürger in ihr immer *mündiger* werden, hieße es von den Gewerkschaften wahrscheinlich zu wenig verlangen, wenn man sie bloß für das Gerechte streiten ließe. Was sie, denen es um eine *humanere* Gesellschaft geht, also um eine, die so viel menschlicher als menschlich ist, daß es schon fast wieder unmenschlich ist, kühn verlangen, bleibt das Gerechtere im steten Sinne dessen, das weniger als gerecht ist. Dafür springen ihnen adjektivisch unzählige bei, die sich um eine *gesündere* Umwelt sorgen, bei der es sich nur um eine handeln kann, die weniger als gesund ist und bereits für immer gesünder gilt, sobald sie nur einmal nicht fortwährend noch kränker macht. Wo die Leute mündiger, die Umwelt gesünder, die Löhne gerechter, die Zeiten humaner werden, ist es nur natürlicher, daß die Demokratie immer qualitativer so ausgebaut wird, daß sie ihre Realität im Komparativ findet und sich im Vergleich verschleißt.

Ich möchte nicht jakobinisch dafür plädieren, den Komparativ ersatzlos abzuschaffen, in seltenen Fällen, zugegeben, kann er immer noch hilfreich sein. Denn natürlich geschieht es immer wieder, daß irgendwo in der geistigeren Welt einer noch blöder ist als der andere, und dann soll man es auch ruhig sagen, indem man ihm dieses Mehr sprachlich nicht vorenthält. Wenn das Feuilleton einen seiner bevorzugten Lieblinge mit den Worten anpreist, Deutschland habe einen »*authentischeren* Dichter« schon lange nicht mehr gesehen, so sollte der Komparativ von blöd ruhig auch weiterhin in sein Recht treten dürfen. Als sich in der

Mediengesellschaft das bedrückende Gefühl breit gemacht hatte, wir alle lebten mittlerweile aus zweiter Hand und nach vorgegebenen Mustern, da war das Authentische die Zauberformel, die den Weg zurück zu den Dingen, zur reinen Unmittelbarkeit, zur sinnlichen Präsenz der Welt wies. Auf diesem Weg war freilich bald heftiges Gedränge, und so mußte es kommen, daß manche eben authentischer als authentisch sind, und wie bei der Ehrlichkeit und der Gesundheit, der weißen Wäsche und der Gerechtigkeit markiert die Steigerungsstufe, daß es weniger wird, indem es sich als mehr präsentiert. Beim authentischsten deutschen Dichter werden wir es vollends mit dem künstlichsten Produkt der Branche zu tun bekommen; das gehört so zu den Usancen eines Gewerbes, in dem die Höherstapler fortwährend mit den Tieferfliegern wetteifern, und ist das Natürlichste von der Welt, also viel natürlicher, als es die Natur von sich aus jemals zuwege brächte.

Vom Superlativ

MANCHMAL KOMMT die Wahrheit nur versehentlich ans Licht, weil sich einer geirrt, getäuscht, versprochen hat. Als wollte sie sich gegen den Mißbrauch schützen, der mit ihr getrieben wird, rächt sich die Sprache an dem, der sie seiner Propaganda dienstbar machen will. Zwischen Gehirn und Zunge, Gedanke und Laut ist der Weg dunkel genug, daß sich die schönsten Zwischenfälle ereignen können, die, sind sie erst geschehen, als Versprecher entschuldigt zu werden pflegen. So ist einem Minister, der sich selber nicht mehr dabei ertappt, wenn er lügt, weswegen es immer die Sprache ist, die ihn überführen muß, dieser Satz zugestoßen: »Unser erstes Ziel ist es, Arbeitsplätze zu sichern, denn ein Mindestleben will ein jeder haben.«

Es ist zwar zu vermuten, daß jeder sogar mehr haben will als nur sein Mindestleben, gleichwohl ist das neue Wort zu rühmen, faßt es doch, was gemeint ist, weit besser, als es die Begriffe tun, aus deren irrtümlichen Verschmelzung es entstand. Wir kennen die *Mindestlöhne* und wissen, daß sie zumeist nur Geklingel im politischen Gerede bedeuten. Wir haben uns an das *Existenzminimum* gewöhnt und daran, daß es je nach Bedarf verschieden hoch oder tief angesetzt wird. Was gestern noch unter dem Minimum lag, also dort, wo eigentlich nichts mehr existiert, denn weniger als das Wenigste, kleiner als das Kleinste kann nichts sein, gilt morgen schon für ausreichend, die Existenz zu bestreiten. Doch wird im Mindest*lohn* wie im *Existenz*minimum das, worum es geht, eher verborgen, als tatsächlich benannt – die Mindestexistenz nämlich, das *Mindestleben*, das als erstes Recht und letzter Anspruch niemandem bestritten werden soll. Das Mindestleben, das einem bleibt, ist sprachlich ein Superlativ, die sogenannte Meiststufe, stellt also die höchste Steigerungsform von etwas dar. Aber wovon? Der Komparativ müßte *Weniger*- oder *Minder*leben heißen, doch davon weiß das Wörterbuch nichts, das auch beim Positiv des Mindestlebens, beim *Wenigleben*, Sprache und Auskunft verweigert.

Das Mindestleben, von dem der Minister in wirtschaftspolitischem Zusammenhang sprach, ist dank des technischen Fortschritts auch zur Kategorie einer Medizin geworden, die den Superlativ zur Grundstufe zu machen trachtet. Der Bedarf an menschlichen Organen, die verpflanzt werden können, ist nämlich viel größer als das Angebot, so daß zwar Abertausende in täglichem Bangen auf Herz oder Leber warten, die ihnen das *Weiter*leben ermöglichen, es aber immer noch viel zu wenige gibt, die sich vorsorglich bereit erklären, im Falle ihres prompten Ablebens die eigenen Organe einem Unbekannten zu stiften. Philosophen,

Bioethiker, Juristen, Chirurgen, Geschäftsleute arbeiten daher daran, jenen Hirntod als Stadium festzulegen, bei dem der menschliche Körper zur Organbank wird, der die Transplanteure auch ohne testamentarische Ermächtigung entnehmen dürfen, was sie gerade brauchen. Kurz, sie sind damit beschäftigt, ein *Mindestleben* zu definieren, das alleine vor dem Zugriff auf die menschlichen Organe schützt.

Weil auf dem rasant sich entfaltenden Markt der Transplantationen aber zwischen Angehörigen, die die Zustimmung zur Organentnahme verweigern, Patienten, die von Tag zu Tag auf die rettende Verpflanzung warten, Chirurgen, die hochprofessionell jederzeit zur Operation bereit stehen, dem Pflegepersonal, das nicht mehr weiß, wem es die pflegerische Loyalität angedeihen lassen soll, dem Hirntoten, der nicht verfügt hat, seine Organe zu entnehmen, oder dem Schwerkranken, der ihrer bedarf, weil zwischen all diesen Menschen und Gruppen die Konflikte eskalieren und das Geld, das dabei zu verdienen ist, immer mehr wird, ist ein neuer Beruf geschaffen worden. Der *Transplantationskoordinator*, zugleich Magazineur im Organsilo, Seelsorger der Hinterbliebenen, Spediteur des Transplantationsgutes, soll sorgen, daß der Ablauf trotz allem reibungslos funktioniert. In unserem Jahrhundert erfunden, wird dieser Beruf es im nächsten noch weit bringen und im klinischen Alltag gewiß zu den *meistbenötigsten* zählen.

Vom Duzen

DIE HANDELSKETTE Hennes & Mauritz legt Wert auf entspannte und fröhliche Mitarbeiter, die sich um den Eindruck bemühen, sie bildeten eine gutgelaunte Gruppe von Freunden und träfen sich zur Arbeit nur wegen des Spaßes, den sie dabei haben. Darum ist es in dem Unternehmen, das sich an fröhliche Kunden wendet, denen das Einkaufen zum Shopping gerät, der Brauch geworden, daß sich die Angestellten untereinander, aber auch die Vorgesetzten und ihre Untergebenen duzen. Kann Freundschaft verordnet und Sympathie gerichtlich erzwungen werden? Ein Angestellter mochte es jedenfalls nicht mehr leiden, von Leuten, mit denen ihn nichts als die Firmenzugehörigkeit verbindet, geduzt zu werden, und Vorgesetzte, die ihm dienstliche Anweisungen geben können, in vorgetäuschter Innigkeit selber duzen zu müssen.

Sein Versuch, aus der Tradition andere Anredeformen abzuleiten und daraus seinen Anspruch auf das distanzierende Sie zu behaupten, wurde ihm zunächst von der Firmenleitung, schließlich auch von einem deutschen Gericht bestritten. Das mutet seltsam an, denn in Deutschland wird, wer seinen Mitmenschen duzt und dabei übersieht, daß es sich um einen Mitmenschen als Polizisten handelt, mit Strafe von 1200 Mark bedacht. Was der Staat in seiner Domäne verbietet, verfügt die Justiz also für die private Wirtschaft, sofern es diese nur wünscht. Das eine Mal muß blechen, wer sich mit der Obrigkeit freundschaftlich ins Einvernehmen setzt, das andere Mal wird gekündigt, wer es unterläßt. Und ein Unternehmen, das grimmig um lockere Umgangsformen besorgt ist, weiß diese bei Strafe der Entlassung gebieterisch zu verhängen. Das Du, das so verlangt wird, kann nicht jene Anrede sein, für die sich einst Menschen entschieden, die sich nähergekommen waren und dieser Nähe auch sprachlich zu versichern suchten.

Wer keine sprachliche Wahl hat, dem fällt sie leicht. Daß ihm was fehle, wird er verschmerzen, ohne daß er es merkt. Da ihre Personalpronomina zwischen Du, Ihr und Sie nicht zu unterscheiden wissen, ist es für Engländer keine Frage, mit welchem Fürwort sie sich persönlich an den Nächsten und Fernsten wenden: Es wird, wie vertraut oder fremd einer ist, immer ein you daraus werden. Nicht daß die Engländer deswegen ein einig Volk von Freunden wären und sich die Volksgemeinschaft schon grammatisch stetig als solche erlebte. Da ihr Du nie über eine Alternative verfügte, fehlt es ihm an jenem Gefühlswert, den es im Deutschen einst hatte und der ihm im Englischen nicht abgeht. Im Deutschen, wo es früher dem familiären Raum und freundschaftlichen Beziehungen vorbehalten war, hatten ihm stets Zuneigung, Vorliebe, Empathie das spezifische Gewicht der persönlichen Anrede gegeben. So trug dieses Du erheblich dazu bei, die deutsche Welt übersichtlich zu halten. Wer ins Du geholt wurde, der übersiedelte aus der Gesellschaft der vielen in die Gemeinschaft der wenigen, und ein jeder trachtete, auf seinem gefahrvollen Weg durch die Kälteregionen des Lebens ein paar solcher privater Wärmestationen zu haben.

Das Du, das uns nun vertrauensselig überall entgegenschlägt, wo alles angebracht ist, nur nicht Vertrauen, ist von anderer Art. Es gibt sich kumpelhaft, ohne daß die Voraussetzung dafür vorhanden wäre, und redet eine Gemütlichkeit herbei, die es selber grob zunichte macht. Seelenvoll und anmaßend zugleich, hat es zwar den Respekt getilgt, der im förmlichen Sie gewahrt blieb, aber nicht jenes persönliche Verhältnis begründet, das dem alten Du eigen war. Plump täuscht das neue Du vor, wir befänden uns in einer Gesellschaft von Gleichen, indes es doch höchstens die Gleichheit allezeit fröhlicher Konsumenten ist, in die wir uns fügen sollen. Vertraulich klopft es uns auf die Schulter, wir mögen doch nicht so zimperlich sein, bloß weil das Geschäft seinen Spaß mit uns haben will.

Vor ein paar Jahrzehnten meinten die Avantgardisten des Duzismus, die bürgerliche Gesellschaft wäre schon überwunden, wenn es nur erst gelänge, ihre starren Konventionen und überkommenen Formen zu beseitigen. Konventionen und Formen galten nämlich in lachhafter Verwechslung für die Herrschaft selbst, die indes den Tod ihrer traditionellen Formen durchaus als Verjüngung erlebte. Tatsächlich war es im Sturmlauf der Moden um die alten Regeln und Rituale bald geschehen, so daß noch der ärgste Bourgeois heute kein hochgeknöpfter Bürger mit steifen Manieren sein möchte, sondern ein Mann von Welt, der es lässig und unkompliziert hält. So wurde der alte Kanon zwar zerschlagen, doch ein neuer nicht entwickelt, sondern nur eine eigentümliche Formlosigkeit inthronisiert, die sich selber für die libertäre Demokratie des Alltags hält. Daß die zivilen Formen des Umgangs lächerlich gemacht und außer Kraft gesetzt wurden, ohne daß sich neue gebildet hätten, gilt vielen, die als Kinder auf gute Manieren gedrillt wurden, immer noch als Befreiung. In Wahrheit aber erschwert das Fehlen jedweder Formen, die allgemein akzeptiert und beherrscht werden, das Zusammenleben erheblich, wie es auch den Alltag sukzessive ins Ungeschlachte verroht, und erst recht eine Gesellschaft, die von der Vielfalt ethnischer Gruppen und verschiedenartiger, mitunter gegensätzlicher Lebensstile geprägt sein wird, kann auf Rituale und Zeremonien des Alltags nicht verzichten.

In der bürgerlichen Formlosigkeit, die an die Stelle bürgerlicher Formenstrenge getreten ist, geht es zugleich krude vertraulich und kraß egoistisch zu. In der

Gesellschaft der Duzer macht zwar keiner dem anderen mehr Platz, dafür aber ist ein jeder mit jedem, den er gar nicht kennt, im Unheil der Verbrüderung verbunden. Sie rempeln sich an und stoßen sich nieder, aber dafür spucken sie einander bei erster Gelegenheit auch ihre Lebensgeschichte arglos vor die Füße. Das kollektive Duzen erwächst keiner befreiten Gesellschaft, sondern einer Öffentlichkeit, die zerstört ist und durch eine Kumpanei des Privaten, eine allumfassende Intimität ersetzt wurde.

Weil niemand mehr weiß, wie Menschen einander zivilisiert begegnen können, ohne miteinander befreundet zu sein, wird ein rüder Kult des Authentischen gepflegt, der einen jeden ermuntert, die Sau als sein eigentliches, kulturell noch nicht verformtes Wesen rauszulassen, wo er nur kann. Anstelle der Toleranz, die dem einzelnen jenen Raum beläßt, den er benötigt, um unbehelligt von Fraternisierung nach seinem Maß zu existieren, wird ihm eine Gemeinschaft aller mit allen aufgenötigt, in der er doch zugleich völlig verlassen bleibt.

Vom Sich-Entschuldigen

SELTEN WIRD SIE betont, die deutsche Vorsilbe ent-, die sich unauffällig vor Verben und Substantive stellt und deren Sinn heimtückisch ins Gegenteil verkehrt. Wer sicher war, etwas zu erben, weiß um die Gefährlichkeit des Präfixes, das ihm, dem unerwartet Enterbten, die Lebenspläne brachial durcheinanderbrachte. Anderen ist Schlimmeres widerfahren, indem sie amtlich entmündigt wurden, und allzu vielen auch das Schlimmste, sie verloren dabei sogar ihr Haupt. Zugegeben, nicht nur Verlust und Tod bringt die ohne Aufhebens sich voransetzende, unverdächtige Silbe, sondern auch Kinder, denen die Mütter entbunden werden; ein schönes Kind der Entrüstung wiederum ist der heilsame Zorn, der uns leider nur zu selten entflammt.

Sprachgeschichtlich kommt das durchsetzungsfähige Präfix aus dem althochdeutschen ant-, das wie das griechische antí räumlich stets eine Bewegung in die entgegengesetzte Richtung und bildlich Widerstand, Gegensatz, aber auch Rückzug bedeutet hat. Heute ist es fast nur mehr in der Antwort, also im Gegen-Wort, anzutreffen, und noch im Antlitz, aber keiner weiß mehr, was litz bedeuten könnte und daß wliz den Goten so viel wie Blick hieß: das Entgegenschauende, den Blick Erwidernde, ist unser Antlitz zumindest früher gewesen. Noch heute aber gebietet das ent-, daß etwas rückgängig gemacht oder aber weggenommen werde: Wer etwas ent-deckt, macht sichtbar, was zuvor mit dem Tuch des Unwissens bedeckt war; wer sich zu ent-spannen sucht, möchte gerne, daß er die Spannung, in die er geraten ist, wieder los wird, wie auch das Lasttier, von dem sich solch bildhaftes Entspannen herleitet, es gerne hatte, dem Joche entspannt zu werden.

Vieles gäbe es, dessen wir entraten könnten, doch früher zeigten wir uns sprachlich mutiger, es zu tun. Friedrich Rückert, dem das Traurigste, der Tod seiner Kinder, widerfuhr, reimte noch unverdrossen, wir mögen in heilsamen Gewittern unsere Seele entbittern; und Goethe, auch im abwägenden Gebrauch der Vorsilben ein Meister, räumte gerne ein, auf dem Wege zur Reife habe er lernen müssen, sich zu entschüchtern. Heute hingegen findet den größten Zuspruch, wer sich so versiert zu entschuldigen weiß, daß er, gleich was er tut, stets frei von Schuld erscheint. Nicht entschuldigen, *entschulden* hieß es einst, und das faßte den Fall, um den es geht, wohl präziser. Denn Schuld soll getilgt werden durch die Entschuldigung, und von Schuld möchte sich befreien, wer sich entschuldigt. Die öffentliche Bußübung der Entschuldigung ist eine nahezu schmerzfreie Ausscheidung moralischer Rückstände und leitet zähe Gefühle in der

Form dünnflüssiger Sentimentalität aus. Wer sich diesem Akt der Selbstreinigung unterzieht, dem sind wir geneigt, selbst Dinge zu verzeihen, die er gar nicht uns, sondern anderen angetan hat; dafür werden wir dem nicht vergeben, der solcher Entschuldigung trotzt und sich als nachtragend erweist. Können die Völker, die geschändet wurden, nicht endlich aufhören, beleidigt zu sein?

Der Zweck, der die Entschuldigung adelt, ist die Umwandlung von schuldhaftem in entschuldigtes Verhalten. Dem kommt zugute, daß das Verbum entschuldigen in den allermeisten Sprachen zwei Bedeutungen hat: Jemand kann sich entschuldigen für das, was er tat – und man kann, vergebend, ihn und seine Taten entschuldigen. Aus solch doppeltem Sinn kann wohlfeilen Nutzen ziehen, wer es klug darauf anlegt, den reflexiven und den transitiven Gebrauch eines Verbums zu verwechseln. Darum entschuldigen sie sich ja fortwährend, die Regierungen, Banken, Kirchen, Konzerne, denn indem sie es tun, sind sie selbst es, die sich Vergebung gewähren. Was für ein Reigen der Zerknirschten, die sich, unermüdliche Entschulder, ergriffen Verzeihung zusprechen! Mit belegter Stimme entschuldigt sich der Präsident bei den Ureinwohnern dafür, daß sie fast ausgerottet wurden; reumütig entschuldigt sich die Kirche für die Inquisition, betrübt entschuldigen die Konzerne sich für die Zwangsarbeit, mit der sie groß wurden. Nicht weil sie ihre Schuld anerkennen, sondern weil sie sich ihrer entledigen möchten, entschuldigen sie sich und fahren im übrigen fort zu tun, was sie immer getan. Papst Johannes Paul II., der für über hundert kirchliche Unternehmungen um Vergebung gebeten hat, brachte es zuwege, sich zur Fünfhundertjahrfeier der Entdeckung Amerikas bei den Ureinwohnern Lateinamerikas für die Ausrottung durch christliche Heere zu entschuldigen und zugleich diese Tatsache damit zu entschulden, daß die Indios mit dem Tod auch jene einzig wahre Religion empfingen, die ihren Nachfahren heute zum Heile gereiche.

Da lobe ich mir die australische Regierung, die das Entschulden am besten organisiert. Weil der Nationalfeiertag, der dort gefeiert wurde, den Eingeborenen als Tag verhaßt sein muß, der auch an den Beginn ihrer Entrechtung gemahnt, hat sich die australische Regierung zu einem zweiten landesweiten Feiertag bequemt: Erinnert der eine an die Landnahme der Siedler, soll der andere daran erinnern, daß den Aborigines dadurch viel Leids angetan wurde. Das ist nett und trägt den passenden Namen. Nix für ungut: *Sorry day.*

*Vom Verschwinden
der Sprache*

GERADE SECHSHUNDERT Menschen gibt es noch, die sich zum kenianischen Volk der El-Molo rechnen. Seitdem die Weißen im behüteten Rausch der Großwildjagd so viele Tiere abgeschossen haben, daß sie diese über die Regierung Kenias unter Schutz stellen lassen mußten, ist es für die El-Molo noch schwieriger geworden. Nicht daß sie gleich verhungerten, weil es ihnen, die ein paar Jahrtausende von der Jagd gelebt haben, nun verboten ist, Tiere zu erlegen. Noch vor dem körperlichen kommt der kulturelle Tod, und dieser wird durch die Auslöschung der Sprache besiegelt. Mit der Jagd hängen unzählige der Riten zusammen, mit denen sich die El-Molo als Volk erfuhren, ihre Traditionen von der einen zur anderen Generation weitergaben, die Kraft der Ahnen auf die Nachkommen übertrugen. Wer bei den El-Molo vom Knaben zum Mann reifte, der mußte mit seinen Gefährten das Dorf am kahlen Ufer des Rudolfsees, den einst der k.u.k. Offizier Samuel Teleky entdeckt hatte, verlassen und mit Speer und Axt ein großes Tier erlegen; nicht nur erlegen mußte er es, etwa ein Flußpferd, sondern ihm in der einsamen Begegnung und im anschließenden Fest in der Gemeinschaft Ehre erweisen, tanzend, alte Bannsprüche rezitierend, die Götter besänftigend und die Ahnen anrufend. Aber die Regierung, bemüht den Touristen, die nur mehr auf Foto-Jagd gehen möchten, zu willfahren, hat die großen Tiere unter ihren Schutz gestellt, denn es zeigen sich nicht mehr viele davon. Und bei den El-Molo kann keiner mehr zum Mann werden, oder aber er ist, gerade indem er es wurde, ohne mit dem Tier zu kämpfen, kein Mann der El-Molo mehr.

So ist vor Ende dieses Jahrtausends im fernen Afrika eine Sprache gestorben, die schon ein paar Jahrtausende alt war, und sie hieß wie das Volk, das sie sprach: El-Molo. In einer kleinen Rundhütte aus Dumpalmblättern war der letzte Greis gestorben, der noch in der Grammatik und mit dem Wortschatz dieser Sprache dachte und lebte. Wie es sich für den Letzten eines Volkes gehört, ist auch von diesem der Name überliefert: Kaayo war der Mann, der sich weigerte, seinen Kindern und Enkeln noch die Regeln von El-Molo zu erklären, und der eines Tages darauf verzichtete, die Dinge in der Sprache zu benennen, die es so lange gegeben hat.

Einst war El-Molo die Sprache etlicher Stämme gewesen; mit der Moderne, dem vereinheitlichenden Staat, der die Dinge praktisch zu organisieren, den Wildwuchs der Kulturen zu stutzen sucht, kamen auf die Menschen, die El-Molo sprachen, viele Bedrängnisse und manche Versuchung. Denn die Nachteile, die sie ihrer Sprache wegen zu erdulden hatten, waren keine geringen, und wer es zu etwas bringen wollte in ihrem Gebiet, der durfte sich nicht jener Sprache bedienen, die von Generation auf Generation weiterzugeben, ein Auftrag der Götter war. Doch hatten sich nicht die alten Götter selber als machtlos erwiesen gegenüber der neuen Religion, die da Fortschritt, Rationalisierung, Verwaltung, Staat, Militär oder sonstwie hieß? So widersetzten sich die Alten aus dem Stamm der El-Molo irgendwann der Bitte der Ahnen und verstummten, sie lehrten ihre Kinder nicht mehr, wie die Dinge mit den Worten der Vorväter hießen, und sie lehrten sie nicht mehr die Regeln, nach denen auf El-Molo Sätze gebaut werden. Nach ein, zwei Generationen war alles vorbei, eine von 6000 Sprachen, die heute auf der Erde gesprochen werden, ist ausgestorben.

Viele, die das hören, werden meinen, daß derlei eben geschehe, etwas Natürliches sei und nicht gar zu tragisch genommen werden brauche. Immerhin konnte man auf El-Molo Dinge wie *Autobahnraststätte* oder *infrastrukturelle Maßnahme* nicht ausdrükken, so daß es für vieles in El-Molo nur Fremdworte gegeben hat und die Sprache nur bedingt tauglich war, die Moderne, wie sie auch in Kenia Eingang gehalten hat, sprachlich zu fassen. Recht besehen ist das freilich bei jeder Sprache so, auch bei der deutschen, die von *Deficitspending* und *Borderline-Syndrom* zum

Klonen oder der *Funfaction* sich immens viele Worte aus dem Englischen borgen muß, um on-line mit den Entwicklungen in Technik und Paranoia, Ökonomie und Massenrausch zu bleiben.

Es ist merkwürdig, Millionen Menschen in den Industrieländern nehmen innigen Anteil daran, daß seltene Vogelarten im Amazonas-Gebiet bedroht und exotische Pflanzen in ihrem Bestand gefährdet sind. Artenschutz heißt ihr Programm, die Vielfalt von Flora und Fauna per monatlichem Einziehungsauftrag von ihrem Konto zu sichern oder als Zuneigung zu niedlichen Walfischbabies zu erleben. Dieselben Leute nehmen es gelassen als Begleiterscheinung des Fortschritts, daß jedes Jahr etliche Dutzend Sprachen aussterben, mit denen unwiederbringlich jeweils auch ein ganzes System der Welt-Erfassung und Welt-Deutung von der Erde verschwindet. Menschenvölker, nicht Vogelarten, hören so zu existieren auf, ohne daß es jemand bemerkt oder gar beklagt. Es ist nicht der biologische Tod, der sie ereilt, sondern der sprachliche und kulturelle; nicht ihnen als Individuen, sondern als Angehörigen eines Kollektivs, das sich bisher in seiner gemeinsamen Sprache innewurde, wird der Garaus bereitet. Dieser Prozeß ist weltweit im Gang und wird sich nach der Jahrtausendwende rasant beschleunigen.

Sollte sich ein uralter Traum erfüllen und die Menschheit, die seit dem Turmbau zu Babel in verschiedenen Zungen spricht, in eine einzige gemeinsame Sprache zurückfinden? Viele Strategien des Fortschritts verbinden damit die heitersten Vorstellungen, und wohlmeinende Menschen, die sich um den Frieden auf Erden sorgen, glauben immer noch, es bräche so etwas wie ewiger Landfrieden aus, hätten die Menschen, wo immer sie leben, erst eine gemeinsame Sprache. Die vielen Versuche, künstlich eine Weltsprache zu schaffen – das Esperanto ist der achtbarste geblieben –, gingen meist von dem Irrglauben aus, die Zwietracht auf Erden wäre sprachlich begründet, und Menschen, die sich sprachlich verstehen können, würden sich schon auch sonst verstehen, jedenfalls sich niemals gegeneinander hetzen lassen.

Der idealistische Traum von der Weltsprache war ins Leere geträumt. Wie ein ums andere Mal zu sehen ist, ob in Nordirland oder sonstwo auf der Welt, ist die gemeinsame Sprache so wenig eine Garantie für gute Nachbarschaft, wie die Verschiedenheit der Sprachen je wirklich der Grund war, daß sich Nationen bekämpfen und Staaten bekriegen. Immerhin, das Esperanto, das die Welt aus dem Geist einer alle Völker verbindenden Sprache einigen wollte, war noch die Hoffnung verzweifelt idealistischer Menschen. Heute jedoch bricht die Einheit der Welt auch sprachpolitisch nicht als schöner Traum, sondern als ökonomische Realität und geschäftlicher Zwang herein.

Daß verschiedene Regionen der Welt ökonomisch an die Weltwirtschaft angeschlossen werden, bedeutet ja keineswegs, daß sie auch in den Besitz der Segnungen kommen, die die Zugehörigkeit zu einer größeren politischen und ökonomischen Einheit bisher versprochen hat. Am Ende des zweiten Jahrtausends geht der greise Kaayo in Kenia mit seiner Lehre des Verstummens aus der Welt; mit der Lehre, daß die Welt, indem sie sich unter dem Gesetz eines alles umspannenden Wirtschaftsraumes zusammenschließt, zugleich reicher und ärmer wird. El-Molo ist der Name des Verlusts. Um El-Molo zu trauern, ist keine ethnologische Romantik, denn El-Molo ist überall, wie auch Kaayo, der seine Sprache in den Tod nahm, überall ist.

*Vom Verschwinden
der Worte*

Als ich hörte, daß es die *Buchstabenseuche* gibt, wurde mir alles klar. Zwar behaupten die Veterinärmediziner, daß diese Seuche nur Rinder und Kühe befällt, die dann unverzüglich der Notschlachtung zugeführt werden müssen, aber natürlich hat auch der Schwund unserer Worte mit ihr zu tun. Unerkannt ist der Buchstabenseuche der Artensprung gelungen, so daß sie ihre verheerende Wirkung, von Züchtern großer Rinderherden immer schon gefürchtet, auch in der Menschenwelt entfalten kann. Wo sie auftritt, zerfallen die Worte zu Buchstaben, die sich bald darauf wie vorher die Worte zersetzen und durch Bildzeichen ersetzt werden; bis der öffentliche und auch der private Raum von den Worten gesäubert ist und wir von lauter Zeichen umstellt sind.

Wen früher unterwegs eine gewisse Not drängte, der spähte verzweifelt nach einer Tafel oder einem Schild, auf dem »Toiletten« stand. Später wurde das Wort durch zwei Buchstaben, ein W und ein C, ersetzt, die mittlerweile längst im Depot der abgelegten Buchstaben verrotten. An ihrer Stelle finden sich nun zwei Strichmännchen, die in radikaler Vereinfachung einen Mann und eine Frau vorstellen, und als würden Mann und Frau gar nichts anderes vorstellen können, haben wir rasch gelernt, sie als Hinweis für jenen Ort zu nehmen, der einst mit einem Wort und später mit zwei Buchstaben bezeichnet wurde. In der rustikalen Ausführung ist da und dort anstelle graffitiartig vereinfachter Figuren ein Trachtenpärchen zu sehen, das den Vorgang ein wenig barock umspielen und heimelige Identität in einer ansonsten radikal internationalisierten Zeichenwelt vorspiegeln soll. Der Vorzug, sich mit Hilfe solcher Zeichen überall in der Welt sogleich orientieren zu können, ist teuer bezahlt, denn die Bilder, in ihrer krassen Reduktion, nötigen auch dort, wo es uns nicht um eiligen Vollzug geht, zum schnellen Reagieren, und sie genehmigen uns überdies nur ein Verständnis der Welt, in der alles sich in einem Ja oder Nein, Oben oder Unten, Stehenbleiben oder Ausschreiten erschöpft. Indem sie die Orientierung in der Welt zu erleichtern behaupten, geben diese Zeichen vor, wie man sich in der Welt zu orientieren hat; sie geleiten also nicht behutsam durch die Welt, sondern bilden selbst diese Welt, und darum ist es bald schon gleichgültig, wo wir auf sie stoßen und uns ihrer Orientierung überlassen, weil ohnehin sie es sind, auf die wir treffen und die wir zu sehen bekommen.

Wo früher der autoritative Schriftzug »Eintritt verboten« dem Lesenden die Frage nach dem Warum geradezu aufdrängte, dort findet er sich heute vor eine runde Tafel gestellt, in deren Mitte er das bereits von der öffentlichen Bedürfnisanstalt bekannte Männchen sieht, das diesmal aber mit zwei diagonalen Strichen von links unten nach rechts oben und rechts unten nach links oben durchgestrichen ist. Wiewohl dieses Zeichen ein Rätsel aufgibt, wird es als klare Anweisung genommen, und obschon es auf vielerlei unheilvolle Art verstanden werden könnte, gebietet es uns nur eine einzige Reaktion. Was uns verpflichtet, ist die Eindeutigkeit, die ihm gerade abgeht. Warum aber ist das Männchen durchgestrichen? Findet sich hinter der Tür, auf der das spätmittelalterliche Tafelbild geklebt ist, eine Folterkammer, werden die Leute in dem Raum, den zu betreten uns bildlich verboten wird, zu Tode gebracht oder ist es gar nicht das einzelne Individuum, sondern die Idee des einzelnen, die hier ausgestrichen, getilgt wird? Vor dem schlichten Bild werden alle Fragen zunichte, und das ist es, was das Bild bewirkt, es macht uns stumm, weil es selbst schon eine Antwort ist, die Antwort auf eine Frage, die wir gar nicht gestellt hatten; nicht verstanden, aber befolgt will es werden.

Das Bildzeichen ist vieldeutig und unklar, aber es löscht seine eigene Vieldeutigkeit und zwingt uns sowohl eine reduzierte Wahrnehmung als auch eine einsinnige Deutung der Welt auf. Das Wort hingegen war eindeutig und klar, aber es eröffnete einen weiten Raum an Assonanzen und Assoziationen, der mancherlei Deutung ermöglichte. Das Bild, das gerne mit dem, was es abbildet, verwechselt wird, drückt der Welt den Stempel der Eindeutigkeit auf, während das Wort, das die Welt der Dinge bezeichnet, aber diese nicht ist, uns der Vieldeutigkeit des Sichtbaren überließ. Victor Hugo hat einmal das Buch zur Kathedrale der Neuzeit erklärt, und es ist klar, daß wir sie heute verlassen und wieder in die Kathedrale des Mittelalters einziehen, mit ihren tausenderlei Bildgeschichten, die Anweisungen gaben für Leute, die des Lateinischen der geistlichen Herrn nicht mächtig waren.

Es ist ein elektronisches und digitales Mittelalter, in das wir kommen, doch so wie einst wird in der Kathedrale nicht mit Worten gepredigt, sondern das Volk mittels Bildern belehrt. Die Rolle des Priesters ist in der Kathedrale der Bilder, des Fernsehens, der Computerschirme, des Internet eine andere als die des Predigers in der Bücher-Kathedrale der Neuzeit, er ist kein Mächtiger des Worts, der zwingenden Gedanken, mit denen er überzeugt, sondern ein Zwingherr der Bilder, die er schafft, verwaltet und verteilt; nicht gehört, sondern gesehen will seine Botschaft werden, und wenn er es noch mit Worten zu tun hat, dann muß er sie auf die paar Sekunden drängen, die ihm bis zum nächsten Bildschnitt bleiben. Nicht mit dem rhetorischen Aufwand von Argumenten und der herrischen Aufforderung, dem Gang seiner Gedanken zu folgen, wendet er sich an seine weitverstreute Gemeinde, die sich vor den Bildschirmen zur Andacht versammelt, sondern mit Gesten, die aus früheren Bilderfolgen und Filmen bekannt sind und deren dogmatische Macht darin besteht, daß sie wiedererkannt werden und bekannte Gefühle neuerlich abrufen. Sei er Präsident, Entertainer, Sektenführer oder das alles zusammen, es ist für ihn immer hilfreich, wenn er sich seiner Gemeinde als Darsteller einer Rolle präsentiert, die man schon kennt und der er ein paar überzeugende Facetten abgewinnt, denn je künstlicher die Bilder sind, um so eher werden sie für die Natur genommen.

Pier Paolo Pasolini hat einmal jene Nacht als Schwelle einer neuen Epoche bezeichnet, in der die Glühwürmchen zum ersten Mal auf dem Lande nicht mehr zu sehen waren. Vielleicht hat unsere, die neue Zeit begonnen, als die Textverarbeitungsprogramme der diversen Software-Firmen wie auf Verabredung anstelle des Wortes *delete*, das bisher angeklickt werden mußte, wenn ein Element gelöscht werden sollte, ein Bild verwendeten. Wer seither eine Datei getilgt haben möchte, muß auf seinem Bildschirm nicht mehr ein Wort, sondern ein Bild suchen und anstatt von *delete* einen Papierkorb anklicken. Die Buchstabenseuche hat das Wort und die Buchstaben zersetzt und an ihre Stelle ein Bild von alberner Präsenz gesetzt. Wahr ist aber auch, daß Pasolini sich geirrt hat, denn die Glühwürmchen, betrauert, kamen nach ein paar Jahren unerwartet zurück, und sie leuchten wirbelnd noch immer durch den Abend.

Inhalt

I. Vergänglichkeit, Unsterblichkeit

Der Mann, der ins Gefrierfach wollte	7
Es wäre schade, die Samenbank nicht zu besuchen	11
Väter und Söhne	14
Die Pflicht, gesund zu sterben	17
Die Zukunft der Embryonen	19
Die Unruhe der Toten	24
Was bleibt, stiftet die Sünde	30
Die Abschaffung des Körpers	34

II. Zuschauer, Zuhörer

Die begehbare Frau	45
Der Blick, der nicht erwidert werden kann	49
Wie es wirklich ist	54
Das Leben ein Bild	58
Ein Loch, vollgestopft mit Empfindsamkeit	62
Der Wohllaut des Untergangs	65
Die Meuterer der Echtzeit	70
Das Mädchen Audrey Santo	77
Wie das Chaos nach Salzburg kam	82

III. Worte, Zeichen

Vom Komparativ 91
Vom Superlativ 96
Vom Duzen 99
Vom Sich-Entschuldigen 104
Vom Verschwinden der Sprache 108
Vom Verschwinden der Worte 114

KARL-MARKUS GAUSS
geboren 1954 in Salzburg, wo er heute als Essayist, Kritiker und Herausgeber der Zeitschrift *Literatur und Kritik* lebt. Er schreibt u. a. für die *Frankfurter Allgemeine Zeitung*, *Neue Zürcher Zeitung* und *Die Presse*. Für *Das Europäische Alphabet* erhielt er 1997 den europäischen Essaypreis *Charles Veillon*, für *Ins unentdeckte Österreich – Nachrufe und Attacken* (1998) den Bruno-Kreisky-Preis für das politische Buch.